般舟三昧经

中国佛学经典宝藏

40

吴立民 徐孙铭 释译

星云大师总监修

人民东方出版传媒
東方出版社

图书在版编目（CIP）数据

般舟三昧经／吴立民，徐孙铭 释译. —北京：东方出版社，2015. 9
（中国佛学经典宝藏）
ISBN 978-7-5060-8565-6

Ⅰ. ①般…　Ⅱ. ①吴…　②徐…　Ⅲ. ①佛经　②《般舟三昧经》—注释　③《般舟三昧经》—译文　Ⅳ. ①B94

中国版本图书馆 CIP 数据核字（2015）第 267831 号

般舟三昧经
（BOZHOUSANMEIJING）

释 译 者：吴立民　徐孙铭
责任编辑：夏旭东
出　　版：东方出版社
发　　行：人民东方出版传媒有限公司
地　　址：北京市东城区朝阳门内大街 166 号
邮　　编：100010
印　　刷：北京明恒达印务有限公司
版　　次：2016 年 6 月第 1 版
印　　次：2024 年 11 月第 5 次印刷
开　　本：880 毫米×1230 毫米　1/32
印　　张：7
字　　数：120 千字
书　　号：ISBN 978-7-5060-8565-6
定　　价：35. 00 元
发行电话：（010）85924663　85924644　85924641

《中国佛学经典宝藏》
大陆简体字版编审委员会

总序

星云

自读首楞严，从此不尝人间糟糠味；

认识华严经，方知已是佛法富贵人。

诚然，佛教三藏十二部经有如暗夜之灯炬、苦海之宝筏，为人生带来光明与幸福，古德这首诗偈可说一语道尽行者阅藏慕道、顶戴感恩的心情！可惜佛教经典因为卷帙浩瀚、古文艰涩，常使忙碌的现代人有义理远隔、望而生畏之憾，因此多少年来，我一直想编纂一套白话佛典，以使法雨均沾，普利十方。

一九九一年，这个心愿总算有了眉目。是年，佛光山在中国大陆广州市召开“白话佛经编纂会议”，将该套丛书定名为《中国佛教经典宝藏》①。后来几经集思广

① 编者注：《中国佛教经典宝藏》丛书，大陆出版时改为《中国佛学经典宝藏》丛书。

益，大家决定其所呈现的风格应该具备下列四项要点：

一、启发思想：全套《中国佛教经典宝藏》共计百余册，依大乘、小乘、禅、净、密等性质编号排序，所选经典均具三点特色：

1. 历史意义的深远性
2. 中国文化的影响性
3. 人间佛教的理念性

二、通顺易懂：每册书均设有原典、注释、译文等单元，其中文句铺排力求流畅通顺，遣词用字力求深入浅出，期使读者能一目了然，契入妙谛。

三、文简意赅：以专章解析每部经的全貌，并且搜罗重要的章句，介绍该经的精神所在，俾使读者对每部经义都能透彻了解，并且免于以偏概全之谬误。

四、雅俗共赏：《中国佛教经典宝藏》虽是白话佛典，但亦兼具通俗文艺与学术价值，以达到雅俗共赏、三根普被的效果，所以每册书均以题解、源流、解说等章节，阐述经文的时代背景、影响价值及在佛教历史和思想演变上的地位角色。

兹值佛光山开山三十周年，诸方贤圣齐来庆祝，历经五载、集二百余人心血结晶的百余册《中国佛教经典宝藏》也于此时隆重推出，可谓意义非凡，论其成就，则有四点可与大家共同分享：

一、佛教史上的开创之举：民国以来的白话佛经翻译虽然很多，但都是法师或居士个人的开示讲稿或零星的研究心得，由于缺乏整体性的计划，读者也不易窥探佛法之堂奥。有鉴于此，《中国佛教经典宝藏》丛书突破窠臼，将古来经律论中之重要著作，做有系统的整理，为佛典翻译史写下新页！

二、杰出学者的集体创作：《中国佛教经典宝藏》丛书结合中国大陆北京、南京各地名校的百位教授、学者通力撰稿，其中博士学位者占百分之八十，其他均拥有硕士学位，在当今出版界各种读物中难得一见。

三、两岸佛学的交流互动：《中国佛教经典宝藏》撰述大部分由大陆饱学能文之教授负责，并搜录台湾教界大德和居士们的论著，借此衔接两岸佛学，使有互动的因缘。编审部分则由台湾和大陆学有专精之学者从事，不仅对中国大陆研究佛学风气具有带动启发之作用，对于台海两岸佛学交流更是帮助良多。

四、白话佛典的精华集萃：《中国佛教经典宝藏》将佛典里具有思想性、启发性、教育性、人间性的章节做重点式的集萃整理，有别于坊间一般“照本翻译”的白话佛典，使读者能充分享受“深入经藏，智慧如海”的法喜。

今《中国佛教经典宝藏》付梓在即，吾欣然为之作序，并借此感谢慈惠、依空等人百忙之中，指导编修；吉广舆等人奔走两岸，穿针引线；以及王志远、赖永海等大陆教授的辛勤撰述；刘国香、陈慧剑等台湾学者的周详审核；满济、永应等“宝藏小组”人员的汇编印行。他们的同心协力，使得这项伟大的事业得以不负众望，功竟圆成！

《中国佛教经典宝藏》虽说是大家精心擘划、全力以赴的巨作，但经义深邈，实难尽备；法海浩瀚，亦恐有遗珠之憾；加以时代之动乱，文化之激荡，学者教授于契合佛心，或有差距之处。凡此失漏必然甚多，星云谨以愚诚，祈求诸方大德不吝指正，是所至祷。

一九九六年五月十六日于佛光山

原版序

敲门处处有人应

慈惠

《中国佛教经典宝藏》是佛光山继《佛光大藏经》之后，推展人间佛教的百册丛书，以将传统《大藏经》精华化、白话化、现代化为宗旨，力求佛经宝藏再现今世，以通俗亲切的面貌，温渥现代人的心灵。

佛光山开山三十年以来，家师星云上人致力推展人间佛教，不遗余力，各种文化、教育事业蓬勃创办，全世界弘法度化之道场应机兴建，蔚为中国现代佛教之新气象。这一套白话精华大藏经，亦是大师弘教传法的深心悲愿之一。从开始构想、擘划到广州会议落实，无不出自大师高瞻远瞩之眼光，从逐年组稿到编辑出版，幸赖大师无限关注支持，乃有这一套现代白话之大藏经问世。

这是一套多层次、多角度、全方位反映传统佛教文化的丛书，取其精华，舍其艰涩，希望既能将《大藏经》

深睿的奥义妙法再现今世，也能为现代人提供学佛求法的方便舟筏。我们祈望《中国佛教经典宝藏》具有四种功用：

一、是传统佛典的精华书

中国佛教典籍汗牛充栋，一套《大藏经》就有九千余卷，穷年皓首都研读不完，无从赈济现代人的枯槁心灵。《宝藏》希望是一滴浓缩的法水，既不失《大藏经》的法味，又能有稍浸即润的方便，所以选择了取精用弘的摘引方式，以舍弃庞杂的枝节。由于执笔学者各有不同的取舍角度，其间难免有所缺失，谨请十方仁者鉴谅。

二、是深入浅出的工具书

现代人离古愈远，愈缺乏解读古籍的能力，往往视《大藏经》为艰涩难懂之天书，明知其中有汪洋浩瀚之生命智慧，亦只能望洋兴叹，欲渡无舟。《宝藏》希望是一艘现代化的舟筏，以通俗浅显的白话文字，提供读者遨游佛法义海的工具。应邀执笔的学者虽然多具佛学素养，但大陆对白话写作之领会角度不同，表达方式与台湾有相当差距，造成编写过程中对深厚佛学素养与流畅白话语言不易兼顾的困扰，两全为难。

三、是学佛入门的指引书

佛教经典有八万四千法门，门门可以深入，门门是无限宽广的证悟途径，可惜缺乏大众化的入门导览，不易寻觅捷径。《宝藏》希望是一支指引方向的路标，协助十方大众深入经藏，从先贤的智慧中汲取养分，成就无上的人生福泽。

四、是解深入密的参考书

佛陀遗教不仅是亚洲人民的精神归依，也是世界众生的心灵宝藏。可惜经文古奥，缺乏现代化传播，一旦庞大经藏沦为学术研究之训诂工具，佛教如何能扎根于民间？如何普济僧俗两众？我们希望《宝藏》是百粒芥子，稍稍显现一些须弥山的法相，使读者由浅入深，略窥三昧法要。各书对经藏之解读诠释角度或有不足，我们开拓白话经藏的心意却是虔诚的，若能引领读者进一步深研三藏教理，则是我们的衷心微愿。

大陆版序一

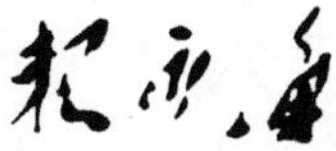

《中国佛教经典宝藏》是一套对主要佛教经典进行精选、注译、经义阐释、源流梳理、学术价值分析，并把它们翻译成现代白话文的大型佛学丛书，成书于二十世纪九十年代，由台湾佛光文化事业有限公司出版，星云大师担任总监修，由大陆的杜继文、方立天以及台湾的星云大师、圣严法师等两岸百余位知名学者、法师共同编撰完成。十几年来，这套丛书在两岸的学术界和佛教界产生了巨大的影响，对研究、弘扬作为中国传统文化重要组成部分的佛教文化，推动两岸的文化学术交流发挥了十分重要的作用。

《中国佛学经典宝藏》则是《中国佛教经典宝藏》的简体字修订版。之所以要出版这套丛书，主要基于以下的考虑：

首先，佛教有三藏十二部经、八万四千法门，典籍浩瀚，博大精深，即便是专业研究者，穷其一生之精力，恐也难阅尽所有经典，因此之故，有“精选”之举。

其次，佛教源于印度，汉传佛教的经论多译自梵语；加之，代有译人，版本众多，或随音，或意译，同一经文，往往表述各异。究竟哪一种版本更契合读者根机？哪一个注疏对读者理解经论大意更有助益？编撰者除了标明所依据版本外，对各部经论之版本和注疏源流也进行了系统的梳理。

再次，佛典名相繁复，义理艰深，即便识得其文其字，文字背后的义理，诚非一望便知。为此，注译者特地对诸多冷僻文字和艰涩名相，进行了力所能及的注解和阐析，并把所选经文全部翻译成现代汉语。希望这些注译，能成为修习者得月之手指、渡河之舟楫。

最后，研习经论，旨在借教悟宗、识义得意。为了将其思想义理和现当代价值揭示出来，编撰者对各部经论的篇章品目、思想脉络、义理蕴涵、学术价值等所做的发掘和剖析，真可谓殚精竭虑、苦心孤诣！当然，佛理幽深，欲入其堂奥、得其真义，诚非易事！我们不敢奢求对于各部经论的解读都能鞭辟入里，字字珠玑，但希望能对读者的理解经义有所启迪！

习近平主席最近指出：“佛教产生于古代印度，但传入中国后，经过长期演化，佛教同中国儒家文化和道家文化融合发展，最终形成了具有中国特色的佛教文化，给中国人的宗教信仰、哲学观念、文学艺术、礼仪习俗等留下了深刻影响。”如何去研究、传承和弘扬优秀佛教文化，是摆在我们面前的一个重要课题，人民东方出版传媒有限公司拟对繁体字版的《中国佛教经典宝藏》进行修订，并出版简体字版的《中国佛学经典宝藏》，随喜赞叹，寥寄数语，以叙因缘，是为序。

二〇一六年春于南京大学

大陆版序二

依空

身材高大、肤色白皙、擅长军事的亚利安人，在公元前四千五百多年从中亚攻入西北印度，把当地土著征服之后，为了彻底统治这里的人民，建立了牢不可破的种姓制度，创造了无数的神祇，主要有创造神梵天、破坏神湿婆、保护神毗婆奴。人们的祸福由梵天决定，为了取悦梵天大神，需要透过婆罗门来沟通，因为他们是从梵天的口舌之中生出，懂得梵天的语言——繁复深奥的梵文，婆罗门阶级是宗教祭祀师，负责教育，更掌控了神与人之间往来的话语权。四种姓中最重要的是刹帝利，举凡国家的政治、经济、军事、文化等等都由他们实际操作，属贵族阶级，由梵天的胸部生出。吠舍则是士农工商的平民百姓，由梵天的膝盖以上生出。首陀罗则是被踩在梵天脚下的土著。前三者可以轮回，纵然几世轮转都无法脱离原来种姓，称为再生族；首陀罗则连轮回的因缘都没有，为不生族，生生世世为首陀罗，子孙也倒霉跟着宿命，无法改变身份。相对于此，贱民比首陀罗更为卑微、低贱，连四种姓都无法跻身其中，只能从事挑粪、焚化尸体等最卑贱、龌龊的工作。

出身于高贵种姓释迦族的悉达多太子，为了打破种姓制度的桎梏，舍弃既有的优越族姓，主张一切众生皆平等，成正等觉，创立了佛教僧团。为了贯彻佛教的平等思想，佛陀不仅先度首陀罗身份的优婆离出家，后度释迦族的七王子，先入山门为师兄，树立僧团伦理制度。佛陀更严禁弟子们用贵族的语言——梵文宣讲佛法，而以人民容易理解的地方口语来演说法义，这就是巴利文经典的滥觞。佛陀认为真理不应该是属于少数贵族、知识分子的专利或装饰，而应该更贴近普罗大众，属于平民百姓共有共知。原来佛陀早就在推动佛法的普遍化、大众化、白话化的伟大工作。

佛教从西汉哀帝末年传入中国，历经东汉、魏晋南北朝、隋唐的漫长艰巨的译经过程，加上历代各宗派祖师的著作，积累了庞博浩瀚的汉传佛教典籍。这些经论义理深奥隐晦，加以书写的语言文字为千年以前的古汉文，增加现代人阅读的困难，只能望着汗牛充栋的三藏十二部扼腕慨叹，裹足不前。

如何让大众轻松深入佛法大海，直探佛陀本怀？佛光山开山宗长星云大师乃发起编纂《中国佛教经典宝藏》。一九九一年，先在大陆广州召开“白话佛经编纂会议”，订定一百本的经论种类、编写体例、字数等事项，礼聘中国社科院的王志远教授、南京大学的赖永海教授分别为中国大陆北方与南方的总联络人，邀请大陆各大学的佛教学者撰文，后来增加台湾部分的三十二本，是为一百三十二册的《中国佛教经典宝藏精选白话版》，于一九九七年，作为佛光山开山三十周年的献礼，隆重出版。

六七年间我个人参与最初的筹划，多次奔波往来于大陆与台湾，小心谨慎带回作者原稿，印刷出版、营销推广。看到它成为佛教徒家中的传家宝藏，有心了解佛学的莘莘学子的入门指南书，为星云大师监修此部宝藏的愿心深感赞叹，既上契佛陀“佛法不舍一众”的慈悲本怀，更下启人间佛教“普世益人”的平等精神。尤其可喜者，欣闻现大陆出版方东方出版社潘少平总裁、彭明哲副总编亲自担纲筹划，组织资深编辑精校精勘；更有旅美企业家鲁彼德先生事业有成之际，秉“十方来，十方去，共成十方事”之襟怀，促成简体字版《中国佛学经典宝藏》的刊行。今付梓在即，是为序，以表随喜祝贺之忱！

二〇一六年元月

目　录

题解

本经名般舟三昧经

般舟三昧，梵语为 Pratyutpanna-samādhi，汉译名“佛立”，指修般舟三昧之行者即可见诸佛现于眼前；又译作“常行道”，指修此定者，于七日至九十日内常行不休息，除用食之外，均须经行，步步声声，念念唯在阿弥陀佛。梵语三昧，或作三摩地，汉译为“定”“正受”“正定”“等持”“等念”“调直定”“正心行处”“息虑凝心”“现法乐住”。合译为《十方现在佛悉在前立定经》。这是从本经所修法门立名的。

本经又名《拔陂菩萨经》，这是从经中请佛陀说法的拔陂菩萨而立名的。拔陂 Bhadrapāla 又音译作拔波、跋陀和、跋陀婆罗、跋陀罗波梨、婆陀和、跋陀和罗，意译为贤护、贤守、仁贤、善守，是王舍城中一在家菩萨。他是一个最大富商主长者之子，其所受之诸乐果报，为忉利帝释天王所不及。先于威音王佛闻法出家，在浴僧时，随例入室，忽然领悟到水的本性，“既不洗尘，亦不洗体，中间安然，得无所有，宿习无忘”，后随佛出家，妙触宣明，成佛子住，佛问圆通。[①]至今禅院浴室均安置贤护菩萨像。贤护菩萨居王舍城，为白衣菩萨首座。佛在王舍城欲说般若波罗蜜，最在前说，贤护菩萨随后说其学佛的种种功德。正如《般舟三昧经》中佛自现前，赞其功德一样，此经在佛灭后五百年之末一百岁中，于阎浮提流行；当时诸国正相互侵伐，说明此经出现绝非偶然，实有其殊胜因缘；亦可见此经大约在公元前后一世纪编纂。[②]

本经之品目

本经现存四种译本中，《般舟三昧经》三卷本列十六品（问事、行、四事、譬喻、无着、四辈、授决、拥护、羼罗耶佛、请佛、无想、十八不共十种力、劝助、师子意佛、至诚佛和佛印品）；《佛说般舟三昧经》则分八品，与上经一品、二品、三品、四品、六品、八品、十三品、十五品名相同；而《大方等大集经贤护分》分十七品，几乎与上二种名称全不相同（思惟、三昧行、见佛、正信、受持、观察、戒行具足、称赞功德、饶益、具五法、授记、甚深、现前三昧十法、不共功德、随喜功德、觉悟、嘱累）；至于《拔陂菩萨经》则不分品目，且仅至《贤护》第四正信品而止。

本经流传情况

据《开元录》载，本经流传东土，前后有七个译本，其中四个是全译本，三个是选译本。

第一译本，名《般舟三昧经》（又名《大般舟三昧经》《十方现在佛悉在前立定经》），三卷（或作二卷），后汉灵帝光和二年（一七九年）十月八日译。月氏国沙门支娄迦谶（支谶）译于洛阳，河南清信士孟福张莲等笔受。（今存）

第二译，名《般舟三昧经》（又称《大般舟三昧经》），二卷（或作一卷），后汉灵帝光和中（一六八—一八九年），由天竺沙门佛朔译于洛阳。《历代三宝纪》说："后光和中，更译《般舟》，谶为传语，孟福张莲等笔受，文少胜前。"（今佚）

第三译，名《般舟三昧经》，一卷，后汉时月氏国沙门氏娄迦谶译。《开元录》说："是后十品重翻。"（今佚）

第四译，名《般舟三昧念佛章经》，一卷，后汉时佚名译。《开元录》说：“是《行品》别翻。”（今佚）

第五译，名《拔陂菩萨经》（又名《拔波菩萨经》），一卷，后汉佚名译。但宋本、明本都说是支娄迦谶译。此为本经最早之译本（《佛光大辞典》）。《开元录》云：“是初四品异译。”（今存）《频伽藏》《大正藏》中《拔陂菩萨经》一卷，失译者名，但注中说：“《僧祐录》云：安公古典是《般舟三昧经》初异译。”与《开元录》之说不同。

第六译，名《般舟三昧经》，二卷，西晋武帝泰始二年（二六六年）至愍帝建兴元年（三一三年）间月氏国沙门昙摩罗察（法护）译。（今佚）

第七译，名《大方等大集贤护经》（又称《贤护经》，或《贤护菩萨经》《大方等大集经贤护分》《大集贤护菩萨经》），五卷（或作六卷），隋文帝开皇十四年十二月至次年二月（五九四—五九五年）北天竺楗达国三藏法师阇那崛多（至德、佛德）译，沙门明芬等笔受。（《历代三宝纪》作朗芥等笔受，当为形近而误）。（今存）

以上多依据《开元录》。此外，《历代三宝纪》所载失译经中附于东晋录的，有《般舟三昧念佛章经》，系本经之异译，而为《开元录》所未见。这样，本经流传前后，至少有八种译本，而现存于《频伽藏》《大正藏》

中，则有《贤护》、《佛说般舟》（一卷）、《般舟》（三卷）、《跋陂》四种。其余四种今佚。

本经现存四种译本，以《跋陂》为最早；《贤护》为最精详（卷帙较繁，文义亦称美赡，但其出较晚，在天台智者入寂前三年，即五九四年译出。其出即在慧远法师入寂后一百八十年，故莲宗所依，绝非此本，台宗所依亦非此本）；唯支娄迦谶之三卷本《般舟》最有价值。故本书据《般舟》分析其内容，而参考《贤护》等诸本进行注释。

注释

①唐中天竺沙门般剌蜜帝译《大佛顶首楞严经》卷五。参朱印清《大佛顶首楞严经易读》卷五，第十三页。

②慈怡主编《佛光大辞典》，书目文献出版社，第五册，第四三〇一页。

经典

一 卷上

这是一部专门讲一心念佛，即能使十方诸佛现在眼前的法门的经典。由东汉时代月氏国的支娄迦谶大法师翻译而成。

这部经分上、中、下三卷。卷上包括四品。

问事品第一

——向佛请教一切佛现前法门问题

原典

般舟三昧经[①]

佛在罗阅祇摩诃桓迦怜[②]。摩诃比丘僧五百人皆得阿罗汉，独阿难[③]未。

尔时，有菩萨名跋陀和[4]，与五百菩萨俱皆持五戒。晡时，至佛所前，以头面着佛足，却坐一面。并与五百沙门俱至佛所前，为佛作礼，却坐一面。

时，佛放威神，诸比丘所在远方无不来者。实时十万比丘俱相随来会佛所前，为佛作礼，却坐一面。佛复放威神，摩诃波和提比丘尼与三万比丘尼俱相随至佛所前，为佛作礼，却坐一面。佛复放威神，罗怜那竭菩萨从舍卫堕梨大国出，桥日兜菩萨从占波大国出，那罗达菩萨从彼罗斯大国出，须深菩萨从加罗卫大国出，摩诃须萨和菩萨与阿难郑塔迦罗越俱从舍卫大国出，因填达菩萨从鸠睒弥大国出，和伦调菩萨从沙祇大国出。一一菩萨各与二万八千人俱来到佛所前，为佛作礼，皆却坐一面。罗阅祇王阿阇世与十万人俱来到佛所前，为佛作礼，却坐一面。四天王、释提桓因、梵三钵、摩夷亘天、阿迦贰吒天，各个与若干亿亿百千天子俱来到佛所前，为佛作礼，却坐一面。难头和难龙王、沙竭龙王、摩难斯龙王、阿耨达龙王，各个与若干龙王亿亿百千万俱来到佛所前，为佛作礼，却坐一面。四面阿须伦王，各与若干阿羞伦[5]民亿亿百千万俱来到佛所，前为佛作礼，却坐一面。

时，诸比丘、比丘尼、优婆塞、优婆夷、诸天、诸龙、诸阿羞伦民、诸阅叉鬼神、诸迦楼罗鬼神、诸甄多罗鬼神、诸摩睺勒鬼神、诸人非人⑥，无央数都不可计。

跋陀和菩萨从坐起，正衣服，叉手长跪，白佛言："愿欲有所问。既问者，欲有所因故。天中天⑦听我言者，今当问佛。"佛告跋陀和："菩萨所因故者便问，佛当为若说之。"

跋陀和菩萨问佛言："菩萨当作何等三昧？所得智慧如大海，如须弥山，〔博达众智〕所闻（者）〔悉解而〕⑧不疑。终不失人中之将⑨，自致成佛终不还。终不生愚痴之处，豫知去来之事。未曾离佛时，若于梦中亦不离佛。端正姝好，于众中颜色无比。少小常在尊贵大姓家生，若其父母兄弟宗亲知识，无不敬爱者。高才广博，所议作者，与众绝异。自守节度，常内惭色，终不自大。常有慈哀，智虑通达，于智中明，无有与等者。威神无比，精进难及。入诸经中，多入诸经中，诸经中无不解。安乐入禅入定入空，无想无所着。于是三事⑩中不恐，多为人说经，便随护之。在所欲生，何所自恣⑪，无异本功德力、所信力。多所至到处，其筋力⑫强，无不欲爱力，无不有根力⑬，明于所向力，明于所念力，明于所视力，明于所信力，明于所愿力。在所问如大海，无有减尽时；如月盛满时，悉遍照，无有不感明者；如日初出时，如炬火在所照，无所罣碍。不着心，如虚空无所止；如金钢钻无所不入；安如须弥山不可动；如门阃正住坚心⑭。

软如鹄毛，无有粗爽，身无所慕，乐于山川如野兽，常自守，不与人从事。

“若沙门道人，多所教授皆护视。若有轻娆者，终无嗔恚心[15]。一切诸魔不能动。解于诸经，入诸慧中，学诸佛法，无有能为作师者，威力圣意，无有能动摇者。深入之行，常随无所行，常柔软。于经中常悲，承事于诸佛无有厌。所行种种功德悉逮及，所行常至，所信常政，无有能乱者。所行常净洁，临事能决无有难。清净于智慧悉明，得所乐行，尽于五盖[16]。智慧所行，稍稍追成佛之境界，庄严诸国土。于戒中清净，阿罗汉辟支佛心，所作为者皆究竟，所作功德常在上首。教授人民亦然，于菩萨中所教授无有厌，当所作者度无有极，一切余道无有能及者。未尝离佛，不见佛，常念诸佛如父母无异；稍稍得诸佛威神，悉得诸经，明眼所视无所罣碍，诸佛悉在前立，譬如幻师自在所化作诸法，不豫计念便成法，亦无所从来，亦无所从去。如化作念，过去当来今现在如梦中，所有分身悉遍至诸佛刹，如日照水中，影悉遍见。所念悉得如向，亦不来，亦不去。生死如影之分，便所想识如空，于法中无想，莫不归仰者。一切平等无有异，于经中悉知。心不可计一切诸刹，心不着无所适念，出于诸佛刹，无所复罣碍。悉入诸陀怜尼门[17]，于诸经中闻一知万，诸佛所说经悉能受持，侍诸佛悉得诸佛力，悉得佛威神，勇猛无所难，行步如猛师子无所畏。

“于诸国土无不用言者，所闻者未曾有忘时，一切诸佛之议等无有异，悉了知，本无经不恐。欲得诸经，便自知说，如诸佛终无厌，为世间人之师，无不依附者。其行方幅[18]，无有谄伪。诸刹照明朗，不着于三处[19]，所行无所罣碍。于众辈中无所适，于本际法中无所慕，持萨芸若[20]，教人入佛道中，未曾恐怖，无有畏惧时。悉晓知佛诸经所有卷所在，众会中无不蒙福者，见佛极大慈欢喜。所学诸佛经通利，于大众中无所畏，于大众中无有能过者，名声极远，破坏诸疑难无不解。于经中极尊，于师子座上坐自在。如诸佛法教，悉晓知佛万种语，悉入万亿音。爱重诸佛经，常念在左右侧，未曾离于诸佛慈，于佛经中乐行。常随佛出入，常在善知识边无有厌极时。于十方诸佛刹，无所适止，悉逮得愿行。度脱十方万民，智慧珍宝，悉逮得经藏，身如虚空无有想。教人求菩萨道，使佛种不断，行菩萨道未曾离摩诃衍。逮得摩诃僧那僧涅极旷大道，疾逮得一切智，诸佛皆称誉。近佛十力地[21]，一切所想悉入中，一切所计悉了知，世间之变悉晓知，成败之事？生者、灭者悉晓知。入经海宝，开第一之藏悉布施。悉于诸刹行愿亦不在中止，极大变化如佛所乐行，心一反念，佛悉在前立。一切适不复愿，适无所生处，十方不可计佛刹悉见，闻诸佛所说经，一一佛比丘僧悉见。是时不持仙道、罗汉、辟支佛眼视[22]，不于是间终，生彼间佛刹尔乃见，便于是间坐，悉见诸佛，悉闻诸佛所说经，悉皆受。譬如我今于佛前，面见佛菩萨，如是未曾离佛，未曾不闻经。"

佛告跋陀和菩萨："善哉！善哉！所问者多所度脱，多所安稳，于世间人民不可复计，天上天下悉安之。今若能问佛如是，若乃前世过去佛时，所闻地行做功德所致，供养若干佛以所致，乐于经中所致，做道行守禁戒所致。自守法行，清白不烦浊，辄以乞丐自食，多成就诸菩萨，合会教语诸菩萨[23]，用是故极大慈哀。一切人民皆于等心，随时欲见佛即见佛，所愿极广大甚深之行，常念佛智慧，悉持经戒，悉具足佛种。圣心如金刚，悉知世间人民心所念，悉在诸佛前。"

佛告跋陀和菩萨："若功德以不可复计。"佛言："今现在佛悉在前立三昧。其有行是三昧，若所问者悉可得。"

跋陀和菩萨白佛言："愿佛哀说之。今佛说者，多所过度，多所安隐，愿佛为诸菩萨现大光明。"

佛告跋陀和菩萨："一法行，常当习持，常当守，不复随余法，诸功德中最第一。何等为第一法行？是三昧名现在佛悉在前立三昧。"

注释

①**般舟三昧经**：原注“一名《十方现在佛悉在前立定经》”。《般舟三昧经》，又名《佛立三昧》；修此三昧而得成就之人，能见十方诸佛立于面前。其修行时，不坐不卧，从早到晚，又由晚到天亮，不是走，就是立，以七天或九十天为一期，专念阿弥陀佛的名号。中国净土宗即修持此法门。

②**罗阅祇摩诃桓迦怜**：罗阅祇，即王舍城，摩诃桓迦怜（又译迦邻），即迦兰陀竹园。

③**阿难**：阿难陀之略称，今译为欢喜、庆喜；斛饭王之子，提婆达多之弟，佛之从弟，十大弟子之一，称多闻第一。生于佛成道之夜。佛寿五十五岁，阿难二十五岁时出家，从侍佛二十五年，受持一切佛法。

④**跋陀和**：贤护，为本经中听佛说法的八大菩萨之上首。这八大菩萨，隋天竺三藏阇那崛多异译的《大方等大集经贤护分》（以下简称《贤护》）译作：贤护菩萨、宝生离车子、星藏、仁童子那罗达多、善商主长者、水天长者、给孤独长者、阿阇王。

⑤**阿须伦、阿羞伦**：阿修罗，为六道之一，八部众之一，十界之一。阿修罗为印度最古诸神之一。系属于

战斗一类之鬼神，经常被视为恶神，而与帝释天争斗不休，以致出现了修罗场、修罗战等名词。

⑥**人非人**：指天龙八部中似人非人的鬼神。

⑦**天中天**：佛之尊号。佛为天之至极，故称为天中天。

⑧“博达众智”“悉解而”，底本无此七字，今据《佛说般舟三昧经》补上。

⑨**人中之将**：当指道德高尚之人，如千军万马之将帅，故称人中之将。

⑩**三事**：当指入禅、入定、入空，与三昧义相近。

⑪**自恣**：指由众人检举自己的过失，自己对比丘众忏悔。佛制，僧众于每年七月十五日结夏安居的最后一天，进行自我反省，又名随意。

⑫**筋力**：当指身体强健、筋骨有力。

⑬**根力**：五根与五力。五根为生圣道的根本，指信根、进根、念根、定根、慧根。五根坚固发生的力量叫五力，即信力、精进力、念力、定力、慧力，能破诸邪信、懈怠、邪念、散乱想、三界诸惑。

⑭**如门阃正住坚心**：阃，原指门槛。这里以门槛比喻正心而住，心不驰散，坚定不变。

⑮**嗔恚心**：怨恨无忍耐之心，为三种使人烦恼的精神作用之一。

⑯**五盖：**盖，为烦恼之别名；五盖，即五种烦恼。指贪欲、嗔恚、睡眠、掉悔、疑法五种能覆盖人的心性，使人不生善法的烦恼。

⑰**陀怜尼门：**陀罗尼，今译作总持、能持、能遮，指全面保持善法，不使散乱忘记，使恶法不起的一种特殊记忆力。分为四：一、法陀罗尼；二、义陀罗尼；三、咒陀罗尼；四、忍陀罗尼。

⑱**方幅：**方者，方正；幅者，宽广。意为行为端正、大方。

⑲**三处：**指执着于我慢、五欲、邪见之中的三种人，或指三界，即欲界、色界、无色界。本经采用前一种解释。

⑳**萨芸若：**又作萨婆若、萨云然，意为无上智慧，诸佛究竟圆满之果位，即般若波罗蜜多之异名。

㉑**十力地：**佛所具有的十智力叫十力。佛十智力所依、所行、所摄之处即十力地。

㉒**不持仙道、罗汉、辟支佛眼视：**辟支佛具缘觉、独觉二义。仙道，指于人中炼心，不修正觉，别得生理，号称得寿千岁，休止深山、海岛，绝于人境的修行者。这种人只能堕于轮回妄想之中，流转不息。罗汉，这里指小乘佛教中获得最高果位者。

㉓**合会教语诸菩萨：**善言教化人成为菩萨。

译文

1 佛与五百阿罗汉

释迦牟尼佛在王舍城的迦兰陀竹园时，有五百位大比丘都证得声闻乘的最高果位阿罗汉果，独有阿难未得阿罗汉果。

2 四众弟子云集

这时，有一位菩萨，名叫贤护，和五百菩萨一道都持守五戒。日暮时，他来到佛说法之处，向佛顶礼膜拜，在旁边就座。其他五百位出家人也来到佛的面前，向佛顶礼，在旁边就座。

这时，佛身上放射出威力巨大的神奇光芒，许多在远方的出家人见了，都没有不来的。一时间，有十万出家人，都相随来到佛的面前，向佛顶礼，在旁边就座。佛身上又一次发出威力无比的神奇光芒。于是，波和堤大比丘尼和三万尼众相继来到佛面前，向佛作礼，然后在旁边就座。不久，佛再一次发出威力无穷的神奇光芒，罗怜那竭菩萨从舍卫堕梨大国出发，桥日兜菩萨从占波大国出发，那罗达菩萨从彼罗斯大国出发，须深菩萨从加罗卫大国出发，摩诃须萨和菩萨同阿难邠坻迦罗越都从舍卫大国出发，因坊达菩萨从鸠睒弥大国出发，和伦调菩萨从沙祇大国出发。这些菩萨各同二万八千人一起，相继来到佛面前，向佛顶礼，在一旁就座。王舍城的阿阇世王也和十万人一起，来到佛面前，向佛顶礼，在一旁就座。四天王、帝释天、大梵天、色究竟天，都与若干亿亿百千天子一起来到佛面前，向佛作礼，在一旁就座。难头和难龙王、沙竭龙王、摩难斯龙王、阿耨达龙王都和若干龙王亿亿百千万一起，来到佛面前，向佛顶礼，在一旁就座。四面阿修罗王也各与亿亿百千万的人民一起，来到佛面前，顶礼膜拜，在一旁就座。

这时，出家、在家的男女四众、诸天、龙王、诸阿修罗人民、诸夜叉、诸迦楼罗、诸紧那罗、诸摩睺勒、鬼神、诸人非人等等，参加法会者不可胜数。

3 贤护菩萨向佛请教

贤护菩萨从座位上站起来，整理一下衣服，叉着手恭敬地长时间地下跪，跟佛陀说："天上天下最尊贵的佛，我想请教一个问题，想从您这儿得到指点。您如果能听我说的话，我就开始提问。"佛告诉贤护菩萨："你想有所遵循的话，请说，我为你解答。"

贤护菩萨问佛说："菩萨应当修什么三昧？所得的智

慧，好比大海深，须弥山高，听到什么都能有正确的答案，毫不怀疑。不失为道德高尚之人，终当成佛，毫不退转。脱离了愚昧无明，能明了过去、现在的因果，预见将来。不管是平时还是睡梦之中，都与佛寸步不离。能面貌端正，形体出众，美妙无比。小时候常在尊贵的大姓人家中生活，父母兄弟亲戚朋友老师们都喜欢他。有渊博的知识，卓越的才能，言行超群出众。自觉遵守戒律，常常自责自律，毫不自高自大。能慈悲、哀悯众生，开通豁达，聪明智慧，无与伦比。有无比神奇的威力，勤奋精进，他人所不及。对于佛法经藏刻苦钻研，没有什么地方不明了的。时时入于禅定空寂的境界，充满法乐，没有什么妄想、执着。对于禅定空寂没有畏惧的感觉，经常为别人讲解经义，随时随地都能护卫佛法。在自己的欲望产生时，都能自我约束，检点自己的行为，不违背自己的信仰，不违背自己的本愿功德。所到之处，虽然身体强健，但对佛法有深深的喜爱力，能有信仰、精进、正念、禅定、智慧的力量，无论是自己的志向、念头还是观察、信仰、愿力，都能心明眼亮。尽管所遇到的问题如大海，无穷无尽；也能如一轮圆月遍照，无不明白；如曙光遍照大地，似火炬映照，无所罣碍。能一切都不执着于心，如行于广阔的天空，无所停留；如锐利的金钢钻，无所不入；在外界无所不入的境遇面前，心安如须弥山，纹丝不动；又如门槛一样，坚定不移。对于柔软、舒适的东西，如绒毛之类，也丝毫不羡慕，却乐于在僻静荒凉的山川中，像飞禽走兽一样生活，自甘清苦，不与世俗同流。

“遇到出家的善知识，则洗耳恭听，聆听教诲，悉心照护。遇到别人对自己轻视怠慢，也不生厌恶、愤恨之心。不管什么样的恶魔来，都无动于衷。对于佛教经藏，能深入领会，吸取智慧，不被妄为人师者所迷惑，也不畏强力，不被哪怕是王者强加的胁迫所动摇。对于自己的行为，时常应当抱行无所行的态度，以宽柔之心对待。时常怀着一片悲心，侍奉一切佛，没有丝毫的厌烦。所做的种种功德，都能做到做好，言必信，行必果，有条不紊。行为光明磊落，临事能速决速断，没有什么为难之处。心常清净，智慧聪明，行于安乐之中，没有种种烦恼。一举一动，都能追求成佛的境界，对于所生活的国土，能努力建设，使之更加庄严。保持戒律的清净，对于声闻乘的最高果位阿罗汉和缘觉乘的辟支佛，都不满足，而是向究竟解脱的菩萨乘努力，求高尚的功德。教导众人也是这样，能诲人不倦，普度众生，没有穷尽，这是一切外道所无法比拟的。能与佛寸步不离，不见佛时，常念一切佛，就像想念自己的父母一样；一旦稍微感悟到佛的神奇威力，念诵各种经典，就能看到一切佛站在面前，毫无障碍，就像魔术师变戏法一样，说变就变，来无影，去无踪。如果化作一念，就会觉得过去世、现世、来世如在梦中，自己也会分身到所有佛讲法的地方去，就像一轮红日高照，千江万水都能看见一样。所想念的一切，也和能发声的东西与所发的声音一样，来也不来，去也不去。生与死，虽如形影一样，难舍难分，然而一切念想与识知，归根结底都是空的，对于诸法无所念想，没有不信赖的。把一切都看作平等无有差别，从经义中都能知道。对于一切诸佛国，心都无所执着，无所执着故无所念，出入诸佛国亦无妨碍。能出入一切有非凡记忆力的总持门，对于诸经闻一知万，一切佛所说的法门都能通达受持，得到一切佛神力的加持，获得佛神妙的威力，勇猛精进，没有困难，行动像狮子一样勇猛无畏。

“对于各国所用的不同语言，听闻后都能记忆不忘，对一切佛所说法门，都能知晓，没有经本时也不恐慌。想得什么经，自己便能说，如同诸佛所说一样无所厌倦，能成为世人的老师，成为众人的依归。其行动大方宽厚，没有谄媚虚假之处。一切佛刹如慧日高照一样明朗，不陷于我慢、五欲、邪见三种偏颇之人的包围之中，所有的行为都能无障碍。在凡俗之辈中无所适意，在清净道场中无所钦慕，持无上智慧，教人入于佛道之中，毫无恐惧、害怕之感。对于佛经的出处都能知道，使参加法会的大众都能获得利益，见到佛的大慈悲而心生欢喜。

对于所学的佛经都能晓，并获得利益，在大众中无所畏惧，有超越众人的名声，远近闻名，种种疑难问题没有得不到解答的。对于佛经极为尊重，在讲经的狮子座上安坐自如。对于佛教，能通晓佛的千万种语言，能熟悉佛的万亿种声音。能十分爱惜各种经藏典籍，时常念诵，左右不离于佛的慈悲，乐于奉行佛法。常跟随佛出入，常在善知识身边，没有一点厌倦的样子。于十方诸佛国土，都能不执着，行止随自己的意愿。对于四面八方来的千万信众，乐于引度，使他们获得智慧珍宝，深入经藏，身如处于虚空之中无有妄想。教人尊奉菩萨道，使佛种不断绝，而且能实行菩萨道，不离开大乘佛法。能够得到菩萨二弘誓极旷大道，疾得一切智，受到十方诸佛的称誉。能亲近具有佛的十种非凡智力的尊严道场，一切念想都专注其中，对一切打算、世间种种变化、事情的成功、失败、产生、灭亡都能知晓。能进入经海，探取佛宝藏，把所获得的宝藏都布施给众人。在一切佛刹中许下大愿，也不停留于此，而是像佛那样乐于将种种宏愿付之实行，心中稍一思念，一切佛都现在面前。一切刚才还没实现的愿望，刚才还没有发生的东西，十方诸佛国都现在面前，能听到佛所说的经文，看到许多佛和出家大德。这时不再持仙道以及声闻乘的最高果位阿罗汉和缘觉乘的辟支佛的观点，也不于此间命终，转生彼佛刹才得见，当下于此间坐，即可悉见一切佛，听闻一切佛所说经，都能信守奉行。譬如我现在在佛的面前，当面见到佛菩萨，从未离开佛，无时不在听佛讲经一样。”

佛陀告诉贤护菩萨：“好啊！好极了！你这样提问题，对于普度世间人，使亿千万人们安稳地在天上天下生活有大利益。你能这样请教佛，是你前世过去佛时，听闻佛法、做种种功德、供养佛的结果，也是你乐于佛法、信守奉行、严持戒律的结果。自觉持戒守法，行为就清白，心中坦然，不烦躁，沿门乞食，供养诸菩萨，教导诸菩萨，成就诸菩萨，诸菩萨因此而发大慈悲。诸众生皆于平等心，什么时候想见佛，就能见到佛，发宏大誓愿行深妙之行，乐念诸佛菩提智慧，奉持经戒，悉具足佛种性。心像金刚一样坚定，对世间人的所思所想，都能现在诸佛面前。”

佛告诉贤护菩萨：“你这样做，真是功德无量。”佛说：“今有十方佛都现在面前法门。如能奉行这个法门的话，一切疑问都能得到圆满的答案。”

贤护菩萨对佛陀说：“请佛慈悲开示。像佛刚才所说的法门，的确能使世人多获得利益，多受安乐。愿我佛更为诸菩萨放大光明，用大威力加持他们。”

佛告诉贤护菩萨说：“这一法门应常受持，应遵守奉行。修持这一法门，是一切功德中最大的功德，其余外道的说法不去理它。这个无上法门，就叫作念一切佛都现在前法门。”

行品第二
——如何修持念一切佛立面前定

原典

佛告跋陀和菩萨：“若有菩萨所念现在定意向十方佛，若有定意，一切得菩萨高行。

“何等为定意？从念佛因缘，向佛念，意不乱；从得黠不舍精进[①]，与善知识[②]共行空；除睡眠，不聚会，避恶知识，近善知识，不乱精进；饭知足，不贪衣，不惜寿命；孑身避亲属，离乡里；习等意，得悲意心，护行弃盖习禅[③]。不随色，不受阴，不入衰[④]，不念四大，不失意，不贪性，解不净；不舍十方人，活十方人；十方人计为是我所，十方人计为非我所[⑤]，一切欲受；不贸戒，习空行。欲讽经，不中犯戒，不失定意；不疑法，不诤佛，不却法，不乱比丘僧；离妄语，助道德家，避痴人世间语，不喜不欲，闻道语，具欲闻亦喜；从因缘畜生生，不欲闻六味[⑥]；习为五习[⑦]，为离十恶，为习十善，为晓九恼[⑧]，行八精进，舍八懈怠，为习八便，为习九思[⑨]，八道[⑩]家念；又不着禅闻，不贡高，弃自大；听说法，欲闻经，欲行法，不随岁计；不受身想，离十方人，不欲受；不贪寿；为了阴，不随惑，为不随所有求无为。不欲生死，大畏生死，计阴如贼，计四大如蛇，十二衰计空[11]，久在三界不安隐，莫忘得无为；不欲贪欲，愿弃生死，不随人诤，不欲堕生死，常立佛前，受身计如梦，以受信不复疑，意无有异，一切灭思想过去事、未来事、今现在事等意。常念诸佛功德，自归为依佛，定意得自在，不随佛身相法，一切一计不与天下诤，所作不诤，从因缘生受了，从佛地度得可法，中法中得下，以了空意计人，亦不有亦不灭，自证无为，黠眼以净，一切不二，觉意不在中边，一切佛为一念人，无有疑黠，无有能呵，自得晓觉意故。佛黠不从他人待，得善知识计如佛，无有异意。一切在菩萨无有离时，纵一切魔不能动。一切人如镜中像，见一切佛如画，一切从法行，为入清净菩萨行，如是。"

佛言："持是行法故，致三昧便得三昧，现在诸佛悉在前立。何因致现在诸佛悉在前立三昧？如是，跋陀和，其有比丘、比丘尼、优婆塞、优婆夷持戒完具，独一处止，心念西方阿弥陀佛，今现在随所闻当念：去是间千亿万佛刹，其国名须摩提[12]，在众菩萨中央说经，一切常念阿弥陀佛。"

佛告跋陀和："譬如人卧出于梦中，见所有金银珍宝，父母兄弟妻子亲属知识，相与娱乐，喜乐无辈；其觉以为人说之，后自泪出，念梦中所见。如是跋陀和菩萨，若沙门白衣，所闻西方阿弥陀佛刹，当念彼方佛，不得缺戒[13]，一心念，若一昼夜，若七日七夜，过七日以后，见阿弥陀佛，于觉不见，于梦中见之。譬如人梦中所见，不知昼不知夜，亦不知内不知外，不用在冥中故不见，不用有所弊碍故不见。如是，跋陀和菩萨，心当作是念时，诸佛国界名大山须弥山，其有幽冥之处悉为开辟，目亦不弊，心亦不碍。是菩萨摩诃萨，不持天眼[14]彻视，不持天耳[15]彻听，不持神足[16]到其佛刹，不于是间终，生彼间佛刹乃见，便于是间坐，见阿弥陀佛，闻所说经悉受得。从三昧中悉能具足，为人说之。譬若有人，闻堕舍利国中，有淫女人名须门；若复有人，闻淫女阿凡和梨；若复有人，闻优陂湖作淫女人，是时各个思念之。其人未曾见此三女人，闻之淫意即为动，便于梦中各往到其所。是时三人皆在罗阅祇国，同时念，各于梦中到是淫女人所，与共栖宿。其觉已，各自念之。”

佛告跋陀和：“我持三人以付，若持是事为人说经，使解此慧至不退转地，得无上正真道，然后得佛号曰善觉。

如是，跋陀和，菩萨于是间国土，闻阿弥陀佛，数数念，用是念故，见阿弥陀佛。见佛已，从问：‘当持何等法，生阿弥陀佛国？’尔时，阿弥陀佛语是菩萨言：

‘欲来生我国者，常念我数数，常当守念，莫有休息，如是得来生我国。’”

佛言：“是菩萨用是念佛故，当得生阿弥陀佛国。常当念如是佛身，有三十二相[17]悉具足，光明彻照，端正无比，在比丘僧中说经，说经不坏败色。何等为不坏败色？痛痒、思想、生死、识魂神，地水火风，世间天上，上至梵摩诃梵[18]，不坏败色。用念佛故得空三昧，如是为念佛。”

佛告跋陀和：“菩萨于三昧中谁当证者？我弟子摩诃迦叶[19]、因坻达菩萨[20]、须真天子[21]，及时知是三昧者、有行得是三昧者，是为证。何等为证？证是三昧知为空定。”

佛告跋陀和：“乃往去时有佛，名须波日。时有人行出入大空泽中，不得饮食，饥渴而卧，出便于梦中得香甘美食，饮食已，其觉腹中空，自念一切所有皆如梦耶。”佛言：“其人用念空故，便逮得无所从生法乐，即逮得阿惟越致。如是跋陀和，菩萨其所向方，闻现在佛，常念所向方欲见佛，即念佛不当念有，亦无我所；立如想空当念佛，立如以珍宝倚琉璃上，菩萨如是见十方无央数佛清净。譬如人远出到他郡国，念本乡里家室亲属财产，其人于梦中，归到故乡里，见家室亲属，喜共言语，于梦中见，以觉为知识说之，我归到故乡里，见我家室亲属。”佛言：“菩萨如是，其所向方，闻佛名，常念所向方欲见佛。菩萨一切见佛，如持珍宝着琉璃上。譬如比丘观死人骨着前，有观青时，有观白时，有观赤时，有观黑时，其骨无有持来者，亦无有是骨，亦无所从来，是意所作想有耳。

“菩萨如是持佛威神力，于三昧中立，在所欲见何方佛，欲见即见。何以故？如是跋陀和，是三昧佛力所成。持佛威神，于三昧中立者，有三事：持佛威神力，持佛三昧力，持本功德力。用是三事故，得见佛。譬若，跋陀和，年少之人，端正姝好庄严，已如持净器盛好麻油，如持好器盛净水，如新磨镜，如无瑕水精，欲自见影，于是自照，悉自见影。云何？跋陀和，其所麻油、水、镜、水精，其人自照，宁有影从外入中不？”

跋陀和言：“不也。天中天，用麻油、水精、水、镜净洁故，自见其影耳。其影亦不从中出，亦不从外入。”

佛言：“善哉！善哉！跋陀和，如是！跋陀和，色清净，所有者清净，欲见佛即见，见即问，问即报，闻经大欢喜。

“作是念：佛从何所来？我为到何所？自念：佛无所从来，我亦无所至。自念三处：欲处、色处、无想处，是三处意所为耳。我所念即见，心作佛，心自见。心是佛，心是怛萨阿竭[22]，心是我身。心见佛，心不自知心，心不自见心。心有想为痴，心无想是泥洹[23]。是法无可乐者，皆念所为，设使念为空耳。设有念者，亦了无所有。如是跋陀和，菩萨在三昧中立者，所见如是。"佛尔时颂偈曰：心者不知心，有心不见心。心起想则痴，无想是泥洹。是法无坚固，常立在于念。以解见空者，一切无想念。

注释

①**从得黠不舍精进**：黠，指超越的智慧。意为从佛得到智慧，不忘努力精进于佛道。

②**善知识**：指正直而有德行，能引导众生舍恶修善、入佛道者。

③**弃盖习禅**：盖指烦恼。意为抛弃、灭除烦恼，习于禅定的境界。

④**不入衰**：《贤护》译作"不着诸入"。

⑤**十方人计为是我所，十方人计为非我所**：计，计度，即以妄念而推度道理。意为人们妄加推断，此为我所有，此非我所有。

⑥**六味**：指苦、酸、甜、辛、咸、淡六种味道。

⑦**五习**：烦恼之余气叫习气，又叫五习，即五种烦恼，如贪、嗔、痴、慢、疑等。但《贤护》译为"五解

脱法”更恰当，今从。

⑧**九恼**：又名九难、九横、九罪报。指佛现在所受的九种灾难：一、受淫女孙陀利谤，五百罗汉亦被谤；二、受旃遮婆罗门女系木盂作毁谤；三、提婆达多以石击佛，伤足大指；四、逆木刺脚；五、毗琉璃王兴兵杀诸释子，佛时头痛；六、受阿耆达多婆罗门请而食马麦；七、冷风冻故脊痛；八、六年苦行；九、入婆罗门聚落，乞食不得，空钵而还。复有冬至前后，夜寒风破竹，索三衣御寒，又复患热，阿难在后扇佛，像这些世界小事，佛皆受之。

⑨**九思**：《贤护》译作“九想观门”。

⑩**八道**：大人八念、八生法。《贤护》译作“八大人觉”，即菩萨为入道者的八种教法，包括世间无常觉、多欲为苦觉、心无厌足觉、懈怠堕落觉、愚痴生死觉、贫苦多怨觉、五欲过患觉、生死炽燃苦恼无量觉。

⑪**十二衰计空**：对我身有损减影响叫衰。十二衰当指六尘、六根等。全句意为不为六尘、六根所动。

⑫**须摩提**：意译为妙意好意，即西方极乐净土。

⑬**缺戒**：指于戒有缺漏，没有完全守戒。

⑭**天眼**：指为色界天人因修禅定所得之眼，能看得很远，内外昼夜上下皆悉能见。五眼之一。天眼分两种：一从福报得来，如天人；一从苦修得来，如阿那律

所得天眼即是。

⑮**天耳**：指色界诸天所具有耳根。能闻人声、非人声及远近、粗细等一切音声。

⑯**神足**：即神足通的简称。五通之一，又名神境智证通，或心如意通，即身如其意。随念即至，可在一想念之间，十方无量国土都能一一到达，变化无穷。佛十大弟子中，目犍连就是得了这种圆满神通而号称神通第一的。

⑰**三十二相**：又名三十二大人相。一、足安平；二、足千辐轮；三、手指纤长；四、手足柔软；五、手足缦网；六、足根圆满；七、足趺高好；八、腿如鹿王；九、手长过膝；十、马阴满；十一、身纵广；十二、毛孔青色；十三、身毛上靡；十四、身金光；十五、常光一丈；十六、皮肤细滑；十七、七处平满；十八、两腋满；十九、身如师子；二十、身端正；二十一、肩圆满；二十二、口四十齿；二十三、齿白齐满；二十四、四牙白净；二十五、颊车如师子；二十六、咽中津液得上味；二十七、广长舌；二十八、梵音远；二十九、眼色绀青；三十、睫如牛王；三十一、眉间白毫；三十二、顶成肉髻。

⑱**梵摩诃梵**：当即大梵天，为色界之初禅天，离欲界之淫欲，寂静清净。

⑲**摩诃迦叶**：佛十大弟子之一。其父母祷于毕波罗

树神树下而生，故名毕波罗；为大富长者之子，能舍大财与大姓，修头陀之大行为第一，故称头陀第一。

⑳**因坻达菩萨**：因坻，即天主。为护持正法，拥护众生的八大菩萨之一。《贤护》译作“帝释德菩萨”。

㉑**须真天子**：竺法护译《须真天子经》有“须真天子发三十三问，佛一一答之”的记载，又有《须真天子与文殊菩萨之三十二问答》。又《贤护》译作“善德天子”。

㉒**怛萨阿竭**：如来，意为诸佛乘如实道来成正觉，完成修行、有理想人格的人。

㉓**心有想为痴，心无想是泥湖**：《贤护》译作“心有想念则成生死，心无想念即是涅槃”。泥湖，又作泥曰、涅槃、般涅槃。意为无为、寂灭、永远超脱生死轮回而获得的精神境界。想，指对境之像于心中浮现之精神作用而言。

译文

1 修定要发心向十方佛

佛告诉贤护菩萨：“如果有菩萨修十方诸佛都现在前法门，必须立定向十方诸佛的意向。立定意向，就能获得菩萨的一切智慧。

2 精进念佛一心不乱

“什么叫立定意向？就是从各自具体的因缘条件出发，念念向佛，心思不乱，为求智慧，精进不舍，亲近善知识，行为无所执着；不贪睡眠，不相聚会，远离恶友，亲近善知识，心不散乱；饮食知足，不贪衣服，不吝惜自己的生命；独身一人，避开亲属，远离家乡，修平等心、慈悲心，护念自己的正行，破除烦恼，修习禅定。不随色界而转移，不受外物的干扰，不参与减损自己道德的俗事，不执着没有真实自体的地、水、火、风，不为不称心的事感到烦恼，不沉溺于世间声色之欲，从不净的五浊之世得解脱；不背弃十方人，要普度十方人；十方人妄加推断，此为我所有，此非我所有，一切都能接受；不违禁戒，常习熏修五解脱法；常诵读经文，不半途犯戒，不失禅定；对佛法坚信不疑，不诤论诸佛，不毁谤正法，不诋毁僧人；远离妄语，远离世间妄说之人，不喜好，不苟同，赞扬有道德之人的言行，对他们的爱语善行都愿意听闻，心生欢喜。深信因缘，明了畜生业因，远离世间六味。修习五解脱法，为除十恶，行十善；断灭九种烦恼，行持八种精进，捐弃八种懈怠，常习八便，心常不离九想观门，一心修习八大人觉；对于入禅定的法味，也不贪着，不骄傲自大；勤求佛法，殷重修行，不计年月；哀怜众生，破除人我分别，离十方人，不产生与世俗同流合污的念头。不贪求长寿。观察五蕴世间，一切皆空，不受外物的迷惑，不求有所造作，但求无为。不贪生怕死，毫不执着。把一切五蕴世间都看作贼，把地、水、火、风的侵害看成蛇一样毒；对六尘、六根的惑乱也不予理会。久在欲界、色界、无色界，都觉不安隐，只有涅槃寂静才安隐。对一切贪得无厌的欲望无动于衷，乐于出家修佛，不在生死中轮回，不与世人计较是非，见一切佛常立面前，观一切身如幻梦，于佛法深信不疑，视过去、未来、现在世平等无差异。常常念想一切佛的功德，自觉皈依佛法，深入禅定，安详自在。对佛身相，也不执着。一切法都平等，与世无所纷争。所作所为，不相违背。通达十二因缘道理，在佛力加持下得度，入真法界，见众生界不生灭，自证无为，慧眼清净。一切无二，菩提心没有中边的差别，一切诸佛本无差异。入于清净无碍境地，菩提觉智自然觉晓。佛慧不是从别处得，遇善知识教导，与佛无异。一切在菩萨那里都不相违背，即使一切魔军也不能动摇。一切人如在镜中才能见到自己的像，见一切佛也是这样，要从自己的菩提心、菩萨行入手。这就是念一切佛现在面前的法门。”

佛陀说：“从自己的菩提心、菩萨行入手，想成就这种法门，就能获得，就能看到一切佛站立面前。什么原因能成就一切佛站立面前的法门呢？原因就在这里。贤护菩萨，如果有四众弟子奉持戒律清净，独自住在一个道场，一心想见西方阿弥陀佛，那么他现在就应当这样想：离这里经过百千亿万佛国，有一个极乐世界，一位阿弥陀佛正在给众多菩萨宣讲佛经，一切行持常念阿弥陀佛圣号。”

佛告诉贤护菩萨：“譬如一个人睡梦之中，看到许多金银珠宝，他的父母兄弟妻儿亲戚朋友见了都非常高兴，无比开心。这个人梦中醒来和别人边说边流泪，好像梦中所看到的都是真的一样。贤护菩萨，如果出家人、在家信士听闻西方极乐世界的阿弥陀佛，就应当常念阿弥陀佛，不得违反戒律，一心念佛，或一昼夜，或七天七夜，过七天以后，就能见到阿弥陀佛，即使醒时见不到，梦中也能见到。比如人梦中所见到的事，不知是白天还是晚上，也不知是在里边，还是外边，不管是在幽冥黑暗之中也好，也不管是离遥远的地方有多少障碍，都无妨碍。贤护菩萨，修一切佛站立面前法门，就应当这样一心念佛观想。这时，那许多佛国的大山像须弥山，山上的幽冥黑暗之处，都打开了，菩萨的眼睛也没有受到什么障碍，心也没有什么阻隔，也不用天眼就看得很清

《中国佛学经典宝藏》目录

编号	书名
1	中阿含经
2	长阿含经
3	增一阿含经
4	杂阿含经
5	金刚经
6	般若心经
7	大智度论
8	大乘玄论
9	十二门论
10	中论
11	百论
12	肇论
13	辩中边论
14	空的哲理
15	金刚经讲话
16	人天眼目
17	大慧普觉禅师语录
18	六祖坛经
19	天童正觉禅师语录
20	正法眼藏
21	永嘉证道歌·信心铭
22	祖堂集
23	神会语录
24	指月录
25	从容录
26	禅宗无门关
27	景德传灯录
28	碧岩录
29	缁门警训
30	禅林宝训
31	禅林象器笺
32	禅门师资承袭图
33	禅源诸诠集都序
34	临济录
35	来果禅师语录
36	中国佛学特质在禅
37	星云禅话
38	禅话与净话
39	释禅波罗蜜次第法门
40	般舟三昧经
41	净土三经
42	佛说弥勒上生下生经
43	安乐集
44	万善同归集

编号	书名
45	维摩诘经
46	药师经
47	佛堂讲话
48	信愿念佛
49	精进佛七开示录
50	往生有分
51	法华经
52	金光明经
53	天台四教仪
54	金刚錍
55	教观纲宗
56	摩诃止观
57	法华思想
58	华严经
59	圆觉经
60	华严五教章
61	华严金师子章
62	华严原人论
63	华严学
64	华严经讲话
65	解深密经
66	楞伽经
67	胜鬘经
68	十地经论
69	大乘起信论
70	成唯识论
71	唯识四论
72	佛性论
73	瑜伽师地论
74	摄大乘论
75	唯识史观及其哲学
76	唯识三颂讲记
77	大日经
78	楞严经
79	金刚顶经
80	大佛顶首楞严经
81	成实论
82	俱舍要义
83	佛说梵网经
84	四分律
85	戒律学纲要
86	优婆塞戒经
87	六度集经
88	百喻经

编号	书名
89	法句经
90	本生经的起源及其开展
91	人间巧喻
92	大乘本生心地观经
93	南海寄归内法传
94	入唐求法巡礼记
95	大唐西域记
96	比丘尼传
97	弘明集
98	出三藏记集
99	牟子理惑论
100	佛国记
101	宋高僧传
102	唐高僧传
103	梁高僧传
104	异部宗轮论
105	广弘明集
106	辅教编
107	释迦牟尼佛传
108	中国佛教名山胜地寺志
109	敕修百丈清规
110	洛阳伽蓝记
111	佛教新出碑志集萃
112	佛教文学对中国小说的影响
113	佛遗教三经
114	大般涅槃经
115	地藏本愿经外二部
116	安般守意经
117	那先比丘经
118	大毗婆沙论
119	大乘大义章
120	因明入正理论
121	宗镜录
122	法苑珠林
123	经律异相
124	解脱道论
125	杂阿毗昙心论
126	弘一大师文集选要
127	《沧海文集》选集
128	《劝发菩提心文》讲话
129	佛经概说
130	佛教的女性观
131	涅槃思想研究
132	佛学与科学论文集

深入经藏，智慧如海。

本套佛学经典适合系统的修习、诵读和佛堂珍藏。

楚，也不用天耳就听得很明白，也不用神足就走到佛国面前，不用透过此处命终，转生彼佛刹才能见，当下于此处坐，即刻便可得见阿弥陀佛，亲耳听闻、受持佛法。从念一切佛站立面前的法门中，这一切都圆满具足，你可以为别人说这个法门。好比有一个人，听说堕舍利国中，有个淫女人叫须门；还有人听说一个淫女人叫阿凡和梨；还有人听说有一个下贱女子叫优陂湖，这时各人都在思念所听说的女人。他们都没有见过这三个女人，听人说后，就萌动了淫秽的念头，睡梦中三人分别来到那三个女人那里。这时，三个人皆在王舍城，同时想，自己做梦都到那个淫女人住的房里，跟她一起行淫。他们醒来，还在想这件事。”

佛告诉贤护菩萨说：“我举这个例子告诉你，是要你从此事受到启发，能给别人讲经，使人了解这个智慧法门，毫不退转，修得至高无上的正道，然后才能取得善觉这个佛号。

于是，贤护菩萨在他所住的地方，听到阿弥陀佛的名号，而且不断念这个佛号，凭着这个信念的力量，见到了阿弥陀佛。见阿弥陀佛后，问：‘应当修持什么法门，才能生在阿弥陀佛国？’这时，阿弥陀佛回答说：‘想来我国的人，常常念我的名号，时时守护此念，不要停顿，这样就能来生我国。’”

佛说：“这位菩萨修持这个法门，是肯定会往生阿弥陀佛国的！应当时时念想佛身，具足三十二种大人相，通体放光明，无比端正庄严，在出家人中说经，讲述一切法本性不坏，也没有使他变坏的东西。比如人们对感受、思想、行为所产的生死、轮回的神识、地水火风的自体、从世间到天上的大梵天的念想、知觉能力，都是本来不坏的，也没有能使其变坏的。因此，人们能够通过念佛得见佛立于前。这就是正念一切佛站立面前的法门。”

3 入定要由佛弟子亲证

佛告诉贤护：“菩萨在这个念佛立面前的法门中，谁能做证？我的大弟子迦叶、因坻达菩萨、须真天子，及知道三昧的菩萨、修得三昧的菩萨，可以为证。那么，又有什么可以证明他们修得这一法门呢？这就是空定。”

佛告诉贤护菩萨：“在过去时，有佛世尊，名须波日。当时恰好有人在旷野山泽里行走，路上又饥又渴，就在半途中昏昏睡去，梦中见到又香又美的饭菜、饮料，吃饱喝足后，一觉醒来，仍旧腹中空空。这个人因此悟出一个道理：世间一切都好像做梦一样啊！”佛说：“这个人由于空想而入定，从而获得无生而生的法乐，得到不退转的觉悟。如此看来，贤护，不管是在家还是出家菩萨，听说佛在哪儿，就应常常想到那儿见到佛，就向那个方向念佛礼拜佛，不应当念想面前有什么实有的东西，也不存在归我所有的东西。那么，十方无数佛就会像你所念想那样站在面前，清净端严，放大光明，如站立在珍宝石、净琉璃之上一样。再比如人们出国远行，想念家里的亲属财产，那人在梦中，回到故乡，看到家属亲朋好友，高兴地和他们交谈，醒后把梦中见到的事，和朋友们说：'我回家了，亲眼看到家属亲友啦！'"佛说："菩萨也是这样，他所向往的地方，听到佛的名字，就常常面向这个地方，念想佛的名字，菩萨一定会见到佛，如拿着珍宝，站在琉璃光之中。再比如出家人观想死人的骨头现在面前，有看到青色的，有看到白色的，有看到红色的，有看到黑色的。实际上，这些骨头，没有人拿来过，也没有骨头放在面前，也不知从何而来，是自己的意念所作的观想的结果。

4 凭佛神力而见佛

"菩萨也是这样，凭借佛威神力量的加持，修行定门，想在什么地方见到佛，就能见到。为什么呢？是这样，贤护，是佛的定力所成就的。靠佛力加持，修持禅定，有三方面，即靠佛的威神力、定力、本愿功德力。凭这三方面神力的加持，就能见到佛。比如，贤护，年少的人，长得漂漂亮亮的，就好比用干净的油瓶装上等麻油，好比干净的器皿装清水，或者像刚磨好的镜子、白璧无瑕的水晶，你想看到自己的形象，就自己去照一照，立即现出自己的容貌来。这是为什么呢？贤护，麻油、水、镜、水晶映出的人影，是人自己去照呢，还是人影自己跑进去的呢？”

贤护说：“不是。佛陀，是所用的麻油、水晶、水、镜很洁净的缘故，人影自然在上面显现。人影既不是从这些东西中间跑出来，也不是从外面跑进去。”

佛说：“太好了！太好了！贤护，是这样啊！贤护，本性清净的东西，想显现佛，就能见佛。见到就问，问了就得到果报，见到佛，听佛讲经，就心生大欢喜。

5 修定中所见境界

“应当经常这样念想：佛是从哪里来的，我想到哪里去？应这样想：佛是无所从来而来，我也无所去而去。经常这样想：欲界、色界、无色界三界都是心意识所作成的。我心想什么就见什么，心想佛，就见到佛。心就是佛，心就是如来，心就是我身。心能见佛，心也不能知道自己，心也不能见自心。说心是有意造作，就是愚痴；说心没有什么造作，是涅槃寂静。一切诸法，没有什么可以津津乐道的，都是一心所作，都是空的。连这一心也是空的。贤护，菩萨在修定时见十方佛站立面前，就是这么回事。”佛说后，随即说了下面的偈颂：心啊不知心，有心就不能现真心。心中有想的念头就是愚痴，没有想才是涅槃寂静。这个法门对什么都不执着，佛立面前在于念。识得万法皆是空，一切都应无想念。

四事品第三
——修佛立定的基本要求

原典

菩萨有四事法，疾逮得三昧。何等为四？一者所信无有能坏者；二者精进无有能逮者；三者所入智慧无有能及者；四者常与善师从事。是为四。

菩萨复有四事，疾得是三昧。何等为四？一者不得有世间思想，如指相弹顷三月；二者不得卧出三月，如指相弹顷；三者经行不得休息，不得坐三月，除其饭食左右；四者为人说经，不得望人衣服饮食。是为四。

菩萨复有四事，疾得是三昧。何等为四？一者合会人至佛所；二者合会人使听经；三者不嫉妒；四者教人学佛道。是为四。

菩萨复有四事，疾得是三昧。何等为四？一者作佛形象若作画，用是三昧故；二者用是三昧故，持好疋素令人写是三昧；三者教自贡高人内佛道中；四者常护佛法。是为四。

时，佛说偈而叹曰："常当乐信于佛法，诵经念空莫中止。精进除睡卧，三月莫得懈。"

"坐说经时，安谛受学，极当广远。若有供养馈遗者，莫得喜，无所贪慕，得经疾。佛者色如金光，身有三十二相，一相有百福功德，端政如天金成作，过去佛、当来佛，悉豫自归；今现在佛，皆于人中最尊，常念供养，当供养于佛，花香、捣香、饭食具足。当持善意，用是故，三昧离不远。持常鼓乐倡伎，乐于佛心，常当娱乐。为求是三昧者，当作佛像，种种具足，种种姝好，面目如金光。求是三昧者，所施常当自乐，与持戒当清洁高行。弃捐懈怠，疾得是三昧不久，嗔恚不生，常行于慈心，常行悲哀，等心无所憎恶。今得是三昧不久，极慈于善师，视当如佛。嗔恚嫉贪不得有，于经中施不得贪，如是教，当坚持诸经法，悉当随是入，是为诸佛之道径。如是行者，今得三昧不久。"

佛告跋陀和："如是等菩萨，当慈心常乐于善师，所视师当如佛，悉具足承事。欲书是三昧经时，若欲学时，菩萨敬师如是。跋陀和，菩萨于善师有嗔恚，有持善师短，视善师不如佛者，得三昧难。譬如，跋陀和菩萨，明眼人夜半视星宿，见星其众多。如是跋陀和，菩萨持佛威神，于三昧中立，东向视见若干百佛，若干千佛，若干万佛，若干亿佛。如是十方等悉见诸佛。”

佛告跋陀和：“是菩萨如佛眼[①]，悉知悉见。如是跋陀和，是菩萨欲得今现在诸佛悉在前立三昧，布施当具足，持戒如是，忍辱精进，一心智慧，度脱智慧，身悉具足。”时，佛叹曰：“如净眼人夜半上向视，星宿不可计，昼日思念悉见。菩萨如是逮得三昧者，见不可复计百千佛，从三昧中觉以悉念见，自恣为诸弟子说。”

佛言：“如我眼清净，常见于世间，菩萨如是得三昧，以见不可复计佛。见佛不视身相，但视十种力，不如世间人有贪，消灭诸毒以清净不复想。菩萨逮功德如是，闻是经，遵是经，如泥湖，闻是法空空[②]，无有恐怖。我当作是说经，用众人民故，皆令得佛道。”佛言：“如我比丘阿难黠慧，闻经即受持，菩萨如是逮得是三昧，以闻不可计经卷悉受持。”佛言：“如阿弥陀佛刹诸菩萨，常见不可计佛，如是菩萨得三昧。以常见不可计佛，所信常有哀心，譬如渴者欲得饮。常有极大慈，弃捐世俗事，常乐持经施，用是故，清净得三昧不久。”

注释

①**佛眼**：十眼之一，指见如来十力之眼。又五眼之

一，觉悟者的眼光，能透彻了解诸法实相，无事不见，无事不知，无事不闻，闻见互用，无所思惟，一切皆见，故称佛眼。

②**闻是法空空**：视万法毕竟皆空，本性即空。

译文

1 信念坚定

菩萨要修持一切佛现前这个法门，应当做到四个方面。哪四个方面？第一，信念坚定，没有任何东西能动摇他；第二，精进不懈，谁也比不上；第三，所获得的智慧，谁也比不上；第四，经常跟随善知识去办事。就这四个方面。

2 经行不息

菩萨还应当从这四方面去做，才能很快修成这个法门。哪四个方面？第一，九十天内不能有世俗的念头，即使在一弹指之间也不行；第二，九十天内不能有片刻躺卧的睡眠时间；第三，九十天内不得坐下来休息，除了吃饭以外，都要边念佛，边行走；第四，为别人讲经，不能贪求别人送衣服食品报答。就这四个方面。

3 利他为怀

菩萨要很快修持好这个法门，还应当做到四件事。哪四个方面？第一，劝人到佛教道场参拜；第二，教人听善知识讲经；第三，不嫉妒别人；第四，劝人发心学佛。就这四个方面。

4 广弘佛法

菩萨还应当从以下四点来修持这个法门。哪四个方面？第一，广造佛像，如佛画等，用以修定；第二，拿上等布帛，书写经文，用来修定；第三，使骄傲自大的人也奉行佛法；第四，经常护持佛法。就这四点。

这时，佛念了偈颂赞叹说："应当时常乐信佛法，诵经体会空理毫不停顿。精进不止莫睡卧，九十天里不松懈。"

"坐在那里听经时，应当安心倾听，精进受学，务必达到广博深远。如果有人送东西供养你，也不要暗自欢喜，不要贪求、羡慕，这样就能很快深入经藏之中。佛身放金光，有三十二种相，每一种相有百福功德，端正庄严如天金做成。不论过去佛、未来佛，都应自觉皈依；现在佛，也是人中最尊贵的，也应当时常念想，应当用香花、饮食、涂香供养佛，各方面都得到满足。应当有善意，凭这些条件的缘故，就能离修持定门不远。应当常常鸣鼓奏乐，用歌舞，使佛心安乐欢喜。为成就这个法门，应当制作各种佛像，形象慈祥、端庄，美妙生动，面目闪现金光。修此定门的人，把布施当作快乐的事，应当尊奉戒律，使自己行为高尚清净。这样精进不懈，不久就能修得此法门。也不要产生恼怒之心，应行大慈大悲之心和平等之心，无所憎恶。修得此法门，也应当尊重恭敬善知识，把他们看作佛一样。不要有贪心、恼怒心、嫉妒心、愤恨心，坚持按经法的要求去做。这是成佛的正确途径。能这样去做，不久就能修持好这个法门。"

5 敬师如佛

佛告诉贤护："像这样的菩萨，应当经常乐于请教善知识，把他看成佛一样，供养持戒等各方面都具足。书写这部经、学习这个定门时，都应这样尊敬经师。贤护，如果菩萨对于善知识有恼恨、轻视的话，修好定门就很难。譬如，贤护菩萨，明眼的人夜半可以看到很多星座，群星闪烁；贤护，菩萨靠佛神威力的加持，修一切佛站立面前的定门，就能看到东面有百千万亿佛，于十方都能看到一切诸佛。"

佛告诉贤护说：“菩萨眼就像无所不见的佛眼一样。贤护，菩萨想现在十方诸佛都在面前显现，想修好这一法门，就应当布施、持戒等都具足，应当修忍辱、精进、禅定、智慧波罗蜜，使六度法门都具足。”这时，佛感叹地说：“就像明眼人半夜看见无数星星闪耀，白天想见，也都看见一样。菩萨修持此法门，也能从定中见十方世界一切诸佛，出定后也能见到，并且给弟子们传授此法门。”

佛说：“正像我眼睛明亮清净，能常见于世间一样，菩萨修得此法门，也能看见无量数的佛。见佛不单是看佛身相，而是看十种超群的智力。见佛也不再如世人那样有贪心，而是消灭了各种烦恼，一心清净，不再有想法。菩萨达到如此功德，听他讲经，奉持此经，如进入清凉、空寂的世界，再也不会感到害怕了。我应当讲述此经，使千万的人民都听闻正法。”佛说：“像我们的比丘阿难聪明智慧，听闻佛经即奉持遵守，菩萨也是这样，修得一切佛现前法门，就能听闻无数佛说经，都奉持遵从。”佛说：“比如阿弥陀佛国土的许多菩萨，常能看见无数佛，就是这些菩萨修定得法，常常见到无量佛，信守奉行，常有哀悯同情心，好比干渴的人想喝水一样；常有大慈悲之心，抛开世俗之事，常常乐于把佛经布施给别人，因而获得清凉寂静，不久就能修得入定法门。”

譬喻品第四

——精进修念佛定的譬喻

原典

佛告跋陀和："菩萨慈求三昧者，得是三昧已，不精进行者，譬如，跋陀和，有人载满舡珍宝，欲持渡大海。未至，舡中道坏，阎浮利[①]人皆大悲，念亡我尔所珍宝。如是，跋陀和，是菩萨闻是三昧已，不书、不学、不诵、不持如中法，一切诸天人民，皆为大悲忧言，乃亡我尔所经宝，用失是深三昧故。"

佛言："是三昧经者，是佛所嘱，佛所称誉。闻是深三昧经者，不书、不学、不诵、不守不持如法者，反复愚痴自用以为高耶。不受是经，意欲高才，反不肯学是三昧。

"譬如，跋陀和，愚痴之子，有人与满手栴檀香，不肯受之，反谓与之不净栴檀香，其货主语人其言：'此栴檀香，卿莫谓不净乎？且取嗅之，知香不？试视之知净不？'痴人闭目不视、不肯嗅。"

佛言："其闻是三昧者，如是不肯受之，反弃舍去，是为不持戒人，反舍是珍宝经，是为愚痴无智。自用得禅，具足为度，反呼世间为有，不入空，不知无。其人闻是三昧已，不乐不信，不入中，反作轻戏语：‘佛亦有深经乎？亦有威神乎？’反形言：‘世间亦有比丘如阿难乎？’”佛言：“其人从持是三昧者，所去两两三三，相与语云：‘是语是何等说乎？是何从所得是语乎？是为自合会作是语耳。是经非佛所说。’”

佛告跋陀和：“譬如贾客持摩尼珠[2]，示田家痴子，其人问贾客：‘评此几钱？’贾客答言：‘夜半时于冥处，持是摩尼珠着冥中，其明所照至，直满其中宝。’”

佛言：“其人殊不晓其价，反形是摩尼珠言：‘其价能与一头牛等不，宁可贸一头牛想，是不复过此。与我者善，不肯者已。’如是，跋陀和，其人闻是三昧不信者，反形是经如是。”

佛言：“如菩萨持是三昧，受信者便随行，四面皆拥护无所畏，持禁戒完具为得高明，黠慧深入为他人说之。菩萨当持是三昧分布语人，展转相传，当令是三昧久在。”

佛言：“痴人自于前世佛所不供养，不作功德，反自贡高，多行诽谤嫉妒，用财利故，但欲求名，但欲哗说，不得善师，亦不明经，闻是三昧已，不信、不乐、不入中，反诽谤人言：‘是彼不知愧为，自作是经耳。’‘是经非佛所说。’”

佛告跋陀和："今我具语汝如是。跋陀和，求菩萨道者，若善男子善女人，持是三千国土满其中珍宝施与佛，设有是功德，不如闻是三昧。若有菩萨闻是三昧信乐者，其福转倍多。"时，佛叹曰："是三千国土满其中珍宝施于佛，持用求佛。复有异人，持是三昧者，是佛所称誉，闻信者其福倍多。"

佛言："是迷惑自贡高人，不信者及与恶知识[3]从事，闻此经不信不乐，是为于我经中怨家无异。是不持戒人，在自大中，其余人展转闻其言信随之。此为坏佛法。其人相告言：'是经为非佛所说。'直作是诽谤。"

佛言："有信是三昧者，其人宿命曾见过去佛，已用是故，我为是信者说是三昧耳。是辈之人，常护佛法，闻是经信乐者，当作是知离佛不远。若持戒坚者，常正心恭敬于经，我用是故，为是人说耳。"

佛告跋陀和："我所说无有异，尔故说是语耳。今见我说是三昧者，其人却后世时，闻是三昧终不疑，不形笑，不言不信，除在恶师[4]边，正使在善师边，其功德薄少。如是辈人，复转与恶师从事。是辈人者，闻是三昧，不信不乐不入中。何以故？其人未久学，所更佛少所信[5]，智慧少故不信耳。"

佛告跋陀和："其有菩萨，闻是三昧，不形笑，不诽谤者，欢喜不中疑，不言乍信乍不信，乐书、乐学、乐诵、乐持。”佛言：“我悉豫知豫见已，其人不独于一佛，所作功德不于二，若三若十。悉于百佛所闻是三昧，却后世时闻是三昧者，书学诵持经卷，最后守一日一夜，其福不可计，自致阿惟越致⑥，所愿者得。”

佛告跋陀和：“听我说譬喻。譬如，跋陀和，有人取一佛刹悉破碎如尘，其人取此一尘，悉复破尽如一佛刹尘，都卢⑦悉取一一尘，皆复尘碎尽如一佛刹尘。云何，跋陀和，是尘其数宁多不？”跋陀和言：“甚多！甚多！天中天。”

佛告跋陀和：“我为汝曹引此譬喻，若有一菩萨，尽取是一尘置一佛刹，其数尔所佛刹，满其中珍宝，悉持供养诸佛，不如闻是三昧。若复有一菩萨闻是三昧已，书学诵持为他人说，须臾间，是菩萨功德不可复计。”佛言：“持是三昧者，书学诵持为他人说，其福乃尔，何况守是三昧悉具足者？”佛尔时颂偈曰：

三千大千之国土，满中珍宝用布施。
设使不闻是像经，其功德福为薄少。
若有菩萨求众德，当讲奉行是三昧。
疾悉讽诵此经法，其功德福无有量。
如一佛国尘世界，皆破坏碎以为尘。
彼诸佛土过是数，满中珍宝用布施。
其有受持是世尊，四句⑧之义为人说。

是三昧者诸佛慧，得闻功德叵比喻。
何况有人自讲说，受持讽诵念须臾。
转加增进奉行者，其功德福无有量。
假使一切皆为佛，圣智清净慧第一。
皆于亿劫过其数，讲说一偈之功德。
至于泥洹赞咏福，无数亿劫悉叹诵。
不能尽究其功德，于是三昧一偈事。
一切佛国所有地，四方四隅及上下。
满中珍宝以布施，用供养佛天中天。
若有闻是三昧者，得其福祐过于彼。
安谛讽诵讲说者，引譬功德不可喻。
其人贡高终不起，亦无有趋恶道[⑨]时。
解了深法不疑结，行斯三昧德如是。
学士为以见奉吾，德重精进普不着。
增益信明为菩萨，力学三昧佛所赞。
属累汝等常劝教，力行精进无放逸。
自勖勇猛勤修行，令得大道不复反。
其有诵受是三昧，已为面见百千佛。
假使最后大恐惧[⑩]，持此三昧无所畏。
行是比丘以见我，常为随佛不远离。
菩萨闻习三昧者，义当受持为人说。
菩萨得是三昧者，尔乃名曰博达慧[⑪]。

为逮总持佛称誉，疾成佛道智如海。

常恒诵说是三昧，当从佛法世尊教。

闻其种性[12]得等觉，如佛所说无有异。

闻如是[13]：

一时，佛在罗阅祇迦邻竹园中，与大比丘众比丘五百人，皆是阿罗汉，诸漏已尽，无复尘垢，生死悉除，而得自在，心已解脱，照明于慧。譬如大龙[14]，圣智通达，所作已办，众行具足，弃捐重担，所欲自从。已舍诸有，其行平等，得制其心，度于彼岸。唯除一人，贤者阿难。

常信乐于佛法，受诵是道德化。

精进行解深法，立具足等慈哀。

当普说佛经卷，广分布道法教。

慎无得贪供养，无所着得是法。

在不正嗔恚兴，意善解便离欲。

常乐定三昧禅，谨慎行得是法。

当念佛本功德，天金色百福相。

诸种好有威德，现譬如像金山。

悉见知诸世间，过去佛及当来。

并现在人中尊，天中天皆说是。

当供养斯善教，上好华众捣香。

欣踊心奉饭食，得是法终不久。

鼓琴瑟诸妓乐，箫成供佛形象。
欣然意悦无量，尊道法得不难。
当造起佛形象，诸相好若干种。
黄金色无秽漏，疾逮得是道尊。
坚固敬常以前，听是法无乱心。
常舍离懈怠行，得三昧疾不久。
无恚害向他人，当行哀得慈法[15]。
普救护功德地，得三昧疾不久。
常恭敬于法师，当奉事如世尊。
无得惜是经法，得三昧疾不久。
慎无得疑斯经，佛赞是正道化。
一切佛所歌叹，得三昧疾不久。
譬如有人眼清净，于夜中半而起观。
仰见星宿无数千，昼日思念皆识知。
菩萨如是得三昧，见无央数百千佛。
皆识念知于诸佛，则为众会说世雄[16]。
譬如今我觉眼明，清净无垢见世间。
佛子菩萨眼若此，三昧普达见世尊。
终不复起吾我想，见十方佛人中尊。
除毒清净无想念，观此菩萨奇特行。
逮闻尊法寂然义，速疾得解空定行。
今我亦训于是法，以成佛道多所安。

如何弥陀国菩萨，见无央数百千佛？

得是三昧菩萨然，常见无数百千佛。

比丘阿难如勇猛，从我闻法皆受持。

逮得三昧亦如是，闻无数法悉奉持。

当信三昧疾持行，悉弃世间诸所有。

常乐斯经行法施，疾得清净寂定地。

假使三千界，满中珍宝施。供养佛世尊，

以用求佛道。设复有比丘，闻是佛三昧，

信乐而不疑，其福过彼上。谀谄怀自大，

无信在凶害，与恶师相随，不信是法教，

犯戒近恶友，坚住自贡高，各个共议言，

是经非佛语，佛不说是议，为自共合造，

此非法王教，共诽谤如斯，竟无有是语。

此为诽谤佛。有乐道法者，我故为说耳。

有闻是经者，仁贤而喜悦。其心常不疑，

不言非佛说。奉禁戒清净，受法讽诵利。

执经普讲说，则具足道义。

注释

①**阎浮利：**又作阎浮提、赡部洲。该洲为须弥山南方之大洲，又称南阎浮提。

②**摩尼珠**：宝珠，投之浊水，水即变清。

③**恶知识**：教人做恶事的坏师友。

④**恶师**：教人做恶者。

⑤**所更佛少所信**：当指所参拜的佛少，信根不足。

⑥**阿惟越致**：又作阿鞞跋致，译为不退转成佛进路之意，是菩萨阶位之一，经一大阿僧祇之修行所到之位。一大阿僧祇，是无限久远的时间单位。

⑦**都卢**：全部的意思。

⑧**四句**：指阿罗汉成道时，依无生智而诵出的四句偈，即："诸漏已尽，梵行已立，所作已办，不受后有。"意指烦恼已尽，离爱欲而过清净生活，已得解脱，不再在生死中轮回。

⑨**恶道**：指身、口、意三恶业所生之处所，即地狱、饿鬼、畜生。

⑩**假使最后大恐惧**：当指未修行之人临终之时对死亡的恐惧心理。《贤护》此句译作"假使后世恐怖时"，正是此意。

⑪**博达慧**：博闻经典，了达生死根本，趋于无上根本智慧。

⑫**种性**：指一种世袭的社会等级制度。印度的四大种姓为婆罗门（僧侣、学者）、刹帝利（武士和贵族）、吠舍（手工业者和商人）和首陀罗（农民、仆役）。此

外，还有社会地位最低的贱民阶层。

⑬**闻如是**：此下一段直至本章末，不见于《大正藏》，待考。

⑭**大龙**：当即大龙象，为阿罗汉与佛的尊称。本经中指佛。

⑮**当行哀得慈法**：奉行哀悯众生的大慈大悲精神。

⑯**世雄**：佛之尊称。谓佛有大定力，具雄健之德，于世间最为雄猛，能制伏、断尽一切烦恼。

译文

1 海船失宝

佛告诉贤护："菩萨为求此法门，修得此定，应当勇猛精进。如果不精进，贤护，就像有人开一条满载珠宝的船，想横渡大海，还未到岸，半途中船坏了，南赡部洲人都大叫大悲，说你我的珍宝都沉没了。确实如此，贤护，如果菩萨听说这个法门，不书写经、读经、学经、诵经、奉持经，那么一切世间人民，诸天的神也都会大感悲忧，就会说：你我的宝贝都丢了，把佛家的宝贝法门丢了！"

佛说："这一切佛现前法门，是佛所嘱咐的，是佛所称扬的。听到这么珍贵的经典，不书写、学习、读诵、受持，依法而住，反而愚蠢地自以为是，自高自大，不修持这么好的法门。

2 不闻栴檀香

“贤护，又比如，有一个蠢人，人家把满满一大把最珍贵的栴檀香送给他，他却不肯接受，反而说人家把不干净的东西给他，那位货主对他说：‘这是栴檀香，你怎么说是不干净的呢？你拿去嗅一嗅，看香不香？干不干净？’那个蠢人闭着眼睛也不看，也不嗅。”

佛说：“如果听说这个法门，又不肯接受，反而把这宝贵经典抛在一边，这就是不守戒的蠢人。

3 牛与牟尼珠

“这种人刚愎自用以为修禅，以自己的愚蠢见解为满足，而且以此度人，把世间一切看作实有，不知道一切皆空、诸法无常的道理。这种人听说这个法门，不欢喜赞叹，也不相信，不深入领会，反而轻慢地、戏弄地说：‘佛有这么深刻的宝典吗？有这么神、这么大威力吗？’反而说：‘世间有像圣者阿难这样的出家人吗？’”佛说：“这些人从持奉这法门的人那里走开，三三两两地议论说：‘这是什么法？是从哪里来的呢？是恶人自己捏造的吧。这经不是佛说的！’”

佛告诉贤护：“比如商人拿宝珠来到农家一个蠢儿子面前给他看，蠢人问商贩：‘这东西值多少钱？’商人说：‘你半夜到暗的地方，拿这个珠宝出来看，珠光照多远多大，这珠宝的价值就有多大。’”

佛说：“那个蠢人不晓得珠宝的价值，反而说：‘这东西能值几个钱，不过能换一头牛罢了。这不过如此吧。这个价你卖不卖？卖就行，不卖就算了。’贤护，那个听说这个法门而不相信的人，也是这样看待宝贵经典啊！”

佛说：“如果菩萨持这个法门，传授给相信经典而愿意跟着走的人，四面就有很多人拥护你，没有什么可担心的。你奉持戒律，完全信守奉行，对高深的义理深有心得，得大智慧，广为他人宣说。菩萨应当这样奉持修定，辗转传播，使这一法门长久住世，利益世人。”

4 供养珍宝的功德

佛说：“如果愚痴之人，前世在佛面前不供养，不做功德，反而自高自大，多方诽谤嫉妒，贪图财利，追求虚名，哗众取宠，得不到良师指导；也不理解经典，听此法门，也不相信、不喜欢、不去学习，反而诽谤说：‘这是那些不知羞耻的人捏造的经。’‘这经不是佛说的。’”

佛告诉贤护说：“现在我这样告诉你，贤护，求菩萨道的善男子、善女人，如果拿三千国土那么大的珍宝供养佛，虽然功德很大，但修持信守、乐于奉行这一法门所聚的福德，不知要比它大多少倍！”这时，佛感叹说：“若有人用三千国土堆满的珍宝供养佛，用来求佛，以此功德，不如有人奉持此三昧法门，奉持这一法门，是佛所赞誉的，因为听闻此经，信仰这一法门，其福德不知有多大呀！”

佛说：“至于执迷不悟自高自大的人，对此不相信，却听信坏人的话，听说此经又不相信不乐意，这就和我这部经的冤家没有什么不同了。这种人不持戒，又自高自大，其他人受他迷惑，跟着他跑。这是在破坏佛法。他们说这部经不是佛说的，完全是诽谤。”

佛说：“信仰这一法门的人，前世曾见到过去佛，因为这种缘故，我对这些崇信的人才宣说此法门。这一种人常护持正法，听说经典，深信不疑，乐于奉持，这种人离佛不远。他们持戒坚定，常常以虔诚恭敬之心敬礼经典，因为这个缘故，我为他们宣说此经。”

5 信疑的因果不同

佛告诉贤护说：“我所说的不是别的，因为你的缘故，所以说这些话。现在见我说这个法门的人，在他的后世中，听说此经也终不怀疑，不会讥笑此经，不会说不信此经，除了他在恶人旁边，离开善知识，他的功德小以外。这种亲近恶人的人，听说此法门，不相信、不欢喜、不去领会其中的高深道理。这是为什么呢？是因为他们学习的时间短，所参拜的佛少，信根不足，智慧少，因而不信此法门。”

佛告诉贤护说：“有的菩萨听说此法门，不表露出特别喜欢，也不诽谤，心中还是欢喜、坚信不疑的，也不说是一会儿相信、一会儿不信，而是喜欢写经、学经、诵经、奉持经。”佛说：“这些我都预先知道、预见到了，这种人不单是见过一佛，所作的功德也不止二三个、上十个，而是在百多位佛那里听讲此经，后世中听闻此法门，书写、读诵、奉持此经，乃至最后守一日夜，他的福德都不可计量，达到不退转的境地，所发的大愿都能实现。”

佛告诉贤护说：“我再打一个比喻。有人拿一个佛国的国土，把它粉碎，像微细的灰尘一样，其人拿取此一微尘，然后把这一微细灰尘再粉碎，每一微细灰尘都粉碎成一座佛刹的微尘那么多，你说这微尘数目多不多？”贤护说：“佛啊！太多了，太多了！”

佛告诉贤护说：“我把这一比喻再引申一步，如果有一位菩萨，把像微尘一样多的佛刹都放满珍宝，用来供养一切佛，还不如听闻这一部经的功德大。如果有一位菩萨听了这部经，不但自己书写、读诵、奉行，而且广为他人宣讲，短短的时间内，这一位菩萨的功德就更大得无法算计。”佛说：“奉持这一法门，书写诵持向别人宣说经典有这么大的福德，更何况能坚持遵守这一法门，一切具足的人呢？”佛这时诵了下面的偈语：

三千大千国土上，装满珍宝用来作布施。
要是不听此法门，其人功德福报真薄少。
如有菩萨求众德，常当奉行此法门。
及早诵读此经法，其人功德福报无限量。
如果把一佛国土微尘世界都破碎，
佛国世界也比尘埃多得多，
这么多的佛国装满珍宝作布施，数量之多难比拟。
如有受持此法门，为人讲四句偈精义，
从此禅定法门得智慧，所得功德亿万珍宝无法比。
何况有人广为宣讲此法门，受持念诵此经片刻也不停，
更加精进奉行者，其功德福报更无量！
假使一切众生皆成佛，得神圣智慧清净称第一，
讲说一偈之功德，超过亿劫万万倍。
至于涅槃清净赞叹咏颂的福报，无数亿劫都赞颂，
于此禅定法门一偈语，更是无法穷究其功德。
一切佛国所有地，上下四方前后及左右，

装满珍宝作布施，用来供养我佛天中天。

如有听闻此佛立面前之法门，得福报功德超过前布施。

安心谛听讽诵此法门，其功德之大难比喻。

此人终不自高与骄傲，也不堕于三恶道。

深解妙法心不疑惑，如此便是行持佛立面前之法门。

菩萨若要亲奉诸佛，应当精进道业而心不着求。

能增长信心及明达妙法，精进于佛立面前之法门是为诸佛所赞叹。

嘱咐你等众人遵守此教法，努力实行精进不懈怠。

勇猛修行得帮助，令得佛道直奔不复返。

若有诵持此佛立禅定之法门，就会面见百千佛现前。

假使临终之时心畏惧，持此法门终必无所惧。

比丘持此法门以见我，常能随佛左右不远离。

菩萨听闻修习此法门，当勤奉持为人广宣说。

菩萨修得此佛立面前禅定法，才是博闻了达与智慧。

牢记持善止恶佛称赞，疾成佛道智如海。

常持讽诵此法门，当学佛世尊此教法。

从此种性听闻正法，如同佛说无差异。

我听佛这么说：

当时，佛在王舍城迦邻竹园中，与出家大德五百人一起，这些出家人，皆修成阿罗汉果，戒律清净，再没有世俗的烦恼与习气，不再在生死中轮回，身心安详自在，精神上得到解脱，充满光明与智慧。好比佛一样，智慧高超，开通豁达，该做的事都做了，种种德行都具足，身上的沉重包袱都卸下了，一切都随心所欲。对什么都不执着，以平等心对待众生，既能自度，又能度他人。只有阿难这一位贤人还未达阿罗汉果。

对于佛法时常坚信乐于奉行，受持讽诵此道德高尚。

对此精深佛法精进理解奉行，道行具足慈悲哀悯一切众生，

应当普遍宣说佛经卷，广泛传播佛法教。

慎勿执着贪图供养，一切都不执着才是此法根本。

行不正就会发怒愤恨，意善解就会离开贪欲。

时常乐于修持禅定，行动谨慎就能得此法根本。

应当常念佛的本愿功德，观瞻佛像金色光芒百福相。

种种相好有威德，好比一座金宝山。

能见各个世间上，过去、将来、现在一切佛，天中之天都称赞。

应当供养此善教，供上好花与好香。

供养饭食心欣喜，不久当得此妙法。

弹起琴瑟奏鼓乐，洞箫悠扬供养佛。

心中欣喜充满无限法乐，尊奉道法毫不畏难。

应当修造佛的诸形象，三十二相八十种好，

金光灿烂无污染，速能修得无上道。

信仰坚定恭敬事佛，听从此法心不乱。

时常舍弃懈怠行为，不久就能修得禅定。

对他人不愤恨伤害，当以慈悲心哀悯众生，

普遍救护别人进入功德之地，不久就能修得禅定。

对法师常恭敬，侍奉师如同佛一般。

不得吝惜此经法，不久就能修得此禅定。

应当谨慎不得怀疑此经，佛称赞此是正道善法。

一切佛都歌颂赞叹，不久就能修得此禅定。

好比有人眼睛明亮清净，半夜而起看天空，

抬头望见星星无数千，白天回想一一都记得清。

菩萨修禅定也是这样，能见无数百千佛，

对一切佛都认识，且能对众人说佛法。

好比我慧眼明亮又清净，能看见世间一切无障碍。

佛弟子菩萨也如此，修禅定定能见世尊。

不再生起我痴我见，定见十方诸佛人中尊。

三毒清净没有什么想法，观此菩萨独特行为。

等到听闻佛法寂静妙义，就能速证真空禅定境界。

现在我也讲解此法，使更多人成佛心更安。

弥陀佛国众多菩萨，如何得见无数佛？

如同此菩萨得禅定，常见百千无数佛。

阿难比丘如果勇猛坚定，跟随我听法都能受持。

修得禅定也是这样，听闻无数法就能奉行。

应当相信禅法速奉行，摒弃世间一切所有，

应当乐于奉行此经法，速达清净寂定的境地。

假使三千世界装满珍宝，供养世尊求佛法，

如有僧人听说佛禅定法门，深信此法不生疑惑，

他的福德比用珍宝供养佛还要大。

阿谀谄媚自高自傲，不信佛法凶害大。

跟随恶人拜为师，不信佛法与经教，

亲近恶友犯戒律，坚持自高与自大，

窃窃私下议论说，此经不是佛所说，

佛陀不会讲此经，定是私自来伪造，

此法门不是世尊教导，共同诽谤此法门，佛根本没有这么说。

这是诽谤佛！对于乐于听闻佛法的人，

我才为他讲述此经，善良人听了才高兴。

心中即使有疑问，也不怀疑是佛所说。

奉持戒律身心清净，讽诵经法就得利益。

持此经法广为宣讲，就能具足一切道义。

二　卷中

无着品第五
——修定见佛亦不应执着

原典

佛告跋陀和："是菩萨三昧，当云何？譬如佛今于若前说经，菩萨当作是念：诸佛悉在前立，当具足念诸佛端正，悉欲逮见一一想；当想识无有能见诸佛顶上者，悉具足作是想见诸佛。当作是念：我身亦当逮得如是，亦当逮得身想如是，亦当逮得持戒三昧如是。当作是念：我当从心得从身得？复更作念：佛亦不用心得，亦不用身得，亦不用心得佛，亦不用色得佛[①]。何以故？心者佛无心，色者佛无色，不用是心色，得阿耨多罗三藐三菩提[②]。何以故？佛色以尽，佛痛痒、思想、生死、识了尽。佛所说尽者，愚痴不见不知，智者晓了之。

“作是念：当持何等念得佛？当持身得佛？当持智慧得佛？复作是念：亦不用心得佛，亦不用智慧得佛[③]。何以故？智慧索不能得，自复索我了不可得，亦无所得，亦无所见。一切法本无所有，念有，因着；无有，反言有，亦着。是两者亦不念，亦不复适得其中，但用是故，亦不在边，亦不在中，亦不有，亦不无。何以故？诸法空，是如泥湖，亦不坏，亦不腐，亦不坚，亦不在是间，亦不在彼边，无有想，不动摇。何等为不动摇？智者不计，是故不动摇。如是，跋陀和，菩萨见佛，以菩萨心念无所着。何以故？说无所有，经说：‘无所有，中不着，坏本绝本[④]，是为无所着。’如是，跋陀和，是菩萨守是三昧，当作是见佛不当着佛[⑤]。何以故？设有所着为自烧，譬如大段铁着火中烧正赤，有智者不当以手持。何以故？烧人手。如是，跋陀和，菩萨见佛，不当着，色、痛痒、思想、生死、识不当着。何以故？着者为烧身，见佛但当念其功德，当索摩诃衍[⑥]。”

佛告跋陀和：“是菩萨于三昧中不当有所着，不着者疾得是三昧。”佛尔时颂偈言：

如新磨镜盛油器，女人庄饰⑦自照形。
于中起生淫欲心，放逸姿态甚迷荒。
追不至诚虚捐法，为色走使烧其身。
女人患害从是起，用不解法非常空。
有想菩萨亦如是，我当成佛逮甘露。
度脱人民忧恼患，有人想故为不解。
求索人本不可得，亦无生死及泥洹。
法不可拥如水月，观察佛道无归趣。
黠慧菩萨当了是，解知世间悉本无。
于诸人物无所着，疾速于世得佛道。
诸佛从心解得道，心者清净明无垢。
五道鲜洁不受色，有解是者成大道。
一切诸法无色漏，离想者空无想空。
绝去淫欲则脱心，有解此者得三昧。
精进奉行求佛道，常听诸法本清净。
无得行求无不求，有是三昧不难得。
观察所有如虚空，道意寂然审第一。
无想无作亦无闻，是为解了尊佛道。
见一切色不想念，眼无所着无往来。
常观诸佛等如空，已度世间诸所求。
其人清净眼无垢，奉行精进常寂然。
无量经法悉受持，思惟分别是三昧。

行是三昧无所着，除一切冥得定意。
不见世雄无贤圣，诸外异道闻此惑。
超度思想当志求，心以清净得见佛。
睹诸佛已不复见，尔乃解是尊三昧。
于地水火莫能碍，风种虚空亦不蔽。
行是精进见十方，坐遥听受所化法。
如我于是讲说经，乐道法者面见佛。
作行勤力而不着，唯从世尊所说法。
得者如是无所念，专听道义兴法施。
常念解了是三昧，普谛受诵佛所讲。
过去诸佛皆论法，当来世尊亦复然。
赞说宣布分别义，皆共叹讲是三昧。
我亦如是为人尊，在世无上众生父。
皆悉解知此道眼⑧，故解说示寂三昧。
其有讲受是三昧，身常安隐意不荒。
是为诸佛无量德，致尊佛道获不难。
广采众经不可议，欲达一切诸佛化。
速疾去欲诸垢尘，精进行是净三昧。
现世欲见无数佛，乐从诸尊听受法。
速疾去色除所着，行是清净寂三昧。
于是无贪及嗔恚，舍离愚痴捐憎爱。
弃远无黠除狐疑，如是得解空三昧。

注释

①**佛亦不用心得，亦不用身得，亦不用心得佛，亦不用色得佛**：指念佛既不应对精神意识的“心”有所执着，亦不应对有质碍之物质“色”“身”有所执着。一切都无所住而生其心。无所得，然后能有所得。

②**阿耨多罗三藐三菩提**：指佛智，今译为无上正等正觉，即是真正平等觉知一切真理之无上智慧。

③**亦不用心得佛，亦不用智慧得佛**：参注①。智慧，此处指世俗之智慧。若出世间之般若智慧，即是无所得为得，什么都不执着。

④**坏本绝本**：当指坏从根本起，灭绝亦从根本起。

⑤**见佛不当着佛**：指通过念佛修行，自然显现佛，而不应刻意追求，执着于成佛。

⑥**摩诃衍**：摩诃衍那的简称，今译为大乘。

⑦**庄饰**：装饰，指服装、打扮。

⑧**道眼**：指见正道的天眼通，又指观道之眼。《贤护》将此译为“诸佛菩提”。故全句为“念证诸佛菩提故”，与“皆悉解知此道眼”稍有不同。

译文

1 观察诸佛妙相

佛告诉贤护说："这个一切佛现前的法门，应当怎样观想呢？比如我现在你面前说经，你应当这样想：一切佛都站在我面前，应当具足成就一切相好。一一观察诸佛妙相，弄清楚为何不见一切佛顶相。对诸佛都应当这样想：我将来也应当像诸佛那样，具足妙相，也应当具足清净禁戒，修三昧法门。应当想：我成佛是从身得，还是从心得？更进一步想：佛既不用心得，也不用身得，既不用心得，也不用色得。为什么呢？说心吧，佛无心；说色吧，佛无色，不用这精神意识的心，也不用这有质碍之体的色，这才能求得无上菩提智慧。为什么呢？这是因为，佛已脱离了有质碍之体的色，佛已了脱痛痒的感觉、思惟、造作生死之行、分别意识等束缚。佛这种了脱，愚痴的人是看不到，也不知道的，只有有无上智慧的人才能知道。

2 以无执着之心念佛

"应当认识到：到底如何念想才能见到佛呢？是凭自

己的身体呢，还是凭智慧呢？应当说：既不从心得见佛，也不用智慧得见佛。为什么呢？凭智慧求见佛不可能得到，凭智慧求我也无所见，无所得。一切法本来都是无常的。把无常的东西看作有，就是执着；把没有的东西看成有，也是执着。既不是无有，也不是有，也不是亦无有亦有，适得其中，但从这种中道观点看，也不在边，也不在中，也不有，也不无。为什么呢？万法皆空，正如涅槃清净的境界，既不坏、不腐烂，亦不永远坚固不变，既不在这里，也不在那边，既没有思想，也不动摇。什么叫不动摇？有智慧的人不算计，所以不动摇。道理就是如此。贤护，菩萨要见佛，就应当以菩萨无所执着之心念佛。为什么说无所执着？经说：'万法本无所有，心中亦不应执着。坏是本坏，绝是本绝，这就是无所执着。'确实如此，贤护，菩萨修持此定门，应当这样见佛，不应当对见佛产生执着。为什么？假如有所执着，就会自己烧毁自己。好比铁匠夹一块生铁在炉中烧得正火红，有智慧的人不应当以手去接。为什么呢？因为会把自己的手烧坏的。贤护，菩萨要见佛，也不应当执着，对有质碍的色、有痛痒的感觉（受）、思惟、造作生死之行、分别意识这'五蕴'都不应当执着。为什么？因为执着就会烧身。见佛应当念佛的功德，应当以大乘佛教自度、度他的精神来求见佛。"

佛告诉贤护："菩萨在修此定门中不应当执着。能不执着，就能很快修得此法门。"

佛这时说了以下偈语：

如新磨镜、盛油器，女人装饰一照就知道。
于中生起淫欲心，放逸姿态迷人甚荒唐。
法本虚无追不至，迷色就能使火烧身。
女人患苦从此起，只因不解万法无常即是空。
有想菩萨也如此，我当成佛盼甘露，
度脱人民除烦恼，有人想故无法得解脱。
求索人本不可得，亦不求生死及涅槃。
法不可执如水月，观察佛道本来无归趣。
智慧菩萨当了知，世间万法本皆无。
于诸人物不执着，就能速于世间得佛道。
诸佛从心解得道，心者本性清净明无垢。
五道鲜洁不受色，明此理即能行于解脱道。
一切诸法无色漏，离想无想才知空。
绝去淫欲心无染，有解此者得三昧。
精进奉行求佛道，常听诸法本清净。
无得无求无不求，有此法门不难得。
观察所有如虚空，佛道涅槃寂静称第一。
无想无作亦无闻，如此能明了神圣的佛道。

见一切色不想念，眼无所执着无往来。

常观诸佛等如空，已度众生满足一切之所求。

其人清净眼无垢，奉行精进心神寂静又安然。

无量经法都受持，思惟分别此法门。

行此定门无执着，除去一切无明得禅定。

不说世间无贤人，外道闻此皆迷惑。

当离相想而思惟，心以清净得见佛。

见诸佛后一切见，其人速解此三昧。

地水火风莫能碍，如在虚空一切也不蔽。

行此精进见十方，坐此遥闻诸佛演妙音。

像我这样讲说经，乐道法者就能面见佛。

彼应不再有其他思惟，唯想世尊说法事。

如此专念莫他观，唯闻道义以法布施人。

常念解了此定门，广泛传授讽诵佛妙法。

无有一佛在过去，也不在现世与未来。

唯此清净微妙禅，不可言说堪赞叹。

我于三界无上尊，为利世间故特出世间。

能够证此菩提道，宣此法门无伦比。

其有讲受此法门，身常安稳意不慌。

此为诸佛无量德，至尊佛道获不难。

广采众经不思议，为众生故常勤求。

速弃诸欲与尘垢，精进修行此定门。

现世若欲见无量佛，乐从诸善知识所受法。

速疾去色除贪着，行此清净寂灭的三昧定门。

于此无贪无怨恨，也无愚痴与憎爱。

又无无明及狐疑，如是方能解此寂静禅。

四辈品第六
——四众弟子如何修持佛立定

原典

跋陀和菩萨白佛：“难及天中天说三昧者。若有菩萨，弃爱欲作比丘，闻是三昧已，当云何学？云何持？云何行？”

佛言：“若有菩萨弃爱欲作比丘，意欲学是三昧者，诵是三昧者，持是三昧者，当清净持戒，不得缺戒大如毛发。何等为菩萨不缺戒？一切悉护禁法，出入行法，悉当护不得犯戒大如毛发。常当怖畏远离于谀谄，悉当护禁。作是护者，是为清净持戒。何等为菩萨缺戒者？是菩萨求色。何等为求色？其人意念，持是功德，使我后世生若作天，若作遮迦越王[①]。”佛言：“用是比此菩萨为缺戒，其人久持是，行持是戒，持是自守福，欲所生处，乐于爱欲中，是为毁戒。”

佛告跋陀和："是菩萨比丘，欲学是三昧者，清净持戒，完具持戒不谀谄，持戒当为智者所称誉，为罗汉所称誉。于经中当布施，当精进所念强，当多信劝乐，当承事于和上，当承事于善师。所从闻是三昧者，所可闻是三昧处，当视其人如佛。"

佛告跋陀和："是菩萨视师如视佛者，得三昧疾。设不恭敬于善师，轻易于善师，欺调于善师，正使久学是三昧，久持久行，设不恭敬师者，疾亡之。"

佛告跋陀和："是菩萨，若从比丘、比丘尼、优婆塞、优婆夷所，得闻是三昧，当视如佛。所闻三昧处，当尊敬。"

佛告跋陀和："菩萨所闻是三昧处，不当持谄意。向是菩萨不得谄意，常当乐独处止，不惜身命，不得希望[②]人有所索，常行乞食，不受请，不嫉妒，自守节度，如法住，所有趣足而已。经行[③]不得懈，不得卧出。如是，跋陀和，如是经中教，其弃爱欲作比丘学是三昧者，当如是守。"

如是，跋陀和菩萨白佛："难及天中天所说法，若有后世懈怠菩萨，闻是三昧已，不肯精进，其人自念：我当于后当来佛所索是三昧耳。云何？言我曹身羸极有病瘦恐不能求。闻是经已，懈怠不精进。若复有菩萨精进者，欲学是经，当教之随是经中法教，用是经故，不惜躯命，不望人有所得者，有人称誉者不用喜，不大贪钵震越④，无所爱慕，常无所欲，闻是经不懈怠，常精进。其人不念，我当于后当来佛所乃求索，自念使我筋骨髓肉皆使枯腐，学是三昧终不懈息，自念我终不懈怠死也，闻是经已，无不欢乐。”

时，佛言："善哉！善哉！跋陀和，所说者无有异，我助其欢喜，过去当来今现在佛悉助欢喜。”佛尔时颂偈言：

如我今所说法，悉受学独处止。
行功德自守节，是三昧不难得。
常乞食不受请，悉弃舍诸欲乐。
所从闻是三昧，敬法师如世尊。
有诵行是三昧，常精进莫懈怠。
不得惜于经法，不求供乃与经。
其有受是三昧，尔乃为是佛子。
学奉行如是者，得三昧终不久。
常勤力不懈怠，除睡眠心开解。
当远离恶知识，然后从是法行。
去放逸不休息，常舍离众聚会。
比丘求斯三昧，随佛教当如是。

跋陀和菩萨白佛："比丘尼求菩萨道，欲学是三昧，欲守是三昧，当持何等法，住学守是三昧？”

佛告跋陀和：“比丘尼求摩诃衍三拔致[5]，是三昧学守者，当谦敬，不当嫉妒，不得嗔恚，去自贡高，去自贵大，却于懈怠，当精进，弃于睡眠不得卧出，悉却财利，悉当净洁护，不得惜躯命。常当乐于经，当求多学，当弃淫恚痴，出魔罗网去，当弃所好服饰，不得恶口，不得贪爱好钵震越。当为人所称誉，不得有谀谄。学是三昧时，当敬善师视如佛。当承是经中教守是三昧。”佛尔时颂偈言：

比丘尼行恭敬，不妒嫉离嗔恚。
除憍慢去自大，行是者得三昧。
当精进却睡卧，捐所欲不贪寿。
一心慈于是法，求三昧当如是。
无得听贪淫心，弃嗔恚及愚痴。
莫得堕魔罗网，求三昧当如是。
设有学是三昧，无调戏舍贪身。
一切捐众狐疑，当至诚不虚饰。
舍小慈常大慈，敬善师无已已。
当去离于众恶，求三昧当如是。
行求法欲得者，不贪着钵震越。
从人闻尔三昧，视如佛等无异。

跋陀和菩萨白佛："若有白衣菩萨[⑥]，居家修道，闻是三昧已，欲学者，欲守者，当云何于法中立，学守是三昧?"

佛告跋陀和："白衣菩萨，闻是三昧已，欲学守者，当持五戒坚净洁住，酒不得饮，亦不得饮他人。不得与女人交通，不得自为，亦不得教他人为，不得有恩爱于妻子，不得念男女，不得念财产。常念欲弃妻子，行作沙门。常持八关斋[⑦]，斋时常当于佛寺斋。常当念布施，不念我当自得其福，当用万民故施。常当大慈于善师，见持戒比丘不得轻易说其恶。作是行已，当学当守是三昧。"佛尔时颂偈言：

有居家菩萨，欲得是三昧，
常当学究竟，心无所贪慕。
诵是三昧时，思乐作沙门。
不得贪妻子，舍离于财色。
常奉持五戒，一月八关斋，
斋时于佛寺，学三昧通利。
不得说人恶，无形轻慢行。
心无所荣冀，当行是三昧。
奉敬诸经法，常当乐于道。
心无有谄伪，弃舍悭妒意。
有学是三昧，常当行恭敬。
舍自大放逸，奉事比丘僧。

跋陀和菩萨白佛："若有优婆夷，求摩诃衍三拔致，闻是三昧已，欲学守者，当行何等法，学守是三昧?"

佛告跋陀和："若优婆夷，求摩诃衍三拔致，闻是三昧已，欲学守者，当持五戒，自归于三。何等为三?自归于佛，归命于法，归命于比丘僧。不得事余道，不得拜于天，不得示吉良日，不得调戏，不得慢恣，不得有贪心。优婆夷常当念布施，欢乐欲闻经，力多学问。优婆夷常当敬重于善师，心常不倦不懈。若比丘、比丘尼过者，常以坐席宾主饮食待之。"佛尔时颂偈言：

若有优婆夷，诵是三昧者，当从佛法教，奉五戒完具。

守是三昧时，当尊敬于佛，及法比丘众，恭敬其善师。

不得事余道，勿祠祀于天。行是三昧者，见人立迎逆。

除去煞盗淫，至诚不两舌，无得向酒家。当行是三昧。

心不得怀贪，常当念施与。除去谄谀意，无得说人短。

常当恭敬事，比丘比丘尼。闻法语悉受，学三昧如是。

注释

①**遮迦越王**：又作遮迦越罗，即转轮胜王。

②**希望**：希，念也，悲也，愿也。此处即希求的意思。

③**经行**：坐禅欲睡眠时，绕一定的地方往来行走，叫经行。经行时不得摇身，不得太疾，不得低头，收摄诸根，心不攀缘外境。有痊疴、消食、生福的作用。

④**钵震越**：当指衣钵。此句“不大贪钵震越”，《贤护》译作“不染衣钵”；另于《授决品》有“于钵震越及衣服”，《贤护》译作“勿贪好衣及涂香”，故钵震越或又指涂香，待考。

⑤**三拔致**：又名三拔谛，今译为发趣，即发心趋向菩提道，与发菩提心同。

⑥**白衣菩萨**：为在家信士、信女的别称。本文指优婆塞，在家信士。又常着白衣在白莲中，戴天发髻冠、袭纯素衣，左手持开敷莲华之观世音菩萨，亦称白衣菩萨。

⑦**八关斋**：八关戒之异名。即禁止犯盗、杀、淫等违反戒律之事。

译文

1 比丘学此三昧

贤护菩萨对佛说："尊敬的佛，有一切佛站立面前这么殊胜的法门，我想请问：如果有在家菩萨想离弃家庭、爱欲，出家学佛，听闻此定门之后，如何学习？如何修持？如何奉行？"

佛说："如果有菩萨出离家庭、爱欲，想当比丘，想学此法门，诵持此法门，应当保持清净的禁戒，不得有一丝一毫的缺戒。什么样是菩萨不缺戒呢？一切时间、地点，不管是出外，还是回道场，都要奉行禁戒，守护戒律，不能有丝毫的违犯。应当经常对阿谀讨好、谄媚等坏习气感到可怕，远远离开它，应当守护这一禁戒。能这样做，就是清净持戒。什么样的菩萨算缺戒呢？比如说，他贪求色。所谓求色，就是说他的意念中，想凭自己做的功德，后世生什么什么天啊，当转轮胜王啊！"佛说："用这一点来比方说这个菩萨缺戒，因为此人经常这样做，以为是守戒，并且以为这样就有福德，想此后生什么什么地方，乐于做什么，这也是一种贪于爱欲的行为，是违反戒律的。"

佛告诉贤护："这种出家菩萨，想学习此法门，保持清净完整的戒律，不谄媚、讨好，持戒应当为智者所称赞，受罗汉们的称誉。应当按经典的要求，多行布施，当精进修行，过清净的生活，有强烈的进取欲望，应当有坚定的信念，以宣讲劝化为乐，当侍奉比丘，亲近善知识。在一切可以听闻此法门的地方，向一切可以宣讲此法门的善知识请教，把他当作和佛一样看待。"

佛告诉贤护："这位菩萨把善知识当作佛侍奉，很快就会修成此法门。假使不恭敬老师，轻慢善知识，欺骗、嘲弄老师，想使自己修持好此三昧，长期坚持，是不可能的。对于不恭敬老师的人，得赶快离开他。"

佛告诉贤护："这位菩萨如果从四众弟子处，听闻宣讲此法门，应当作佛一样看待。听闻修持此定门的地方，也应当受到尊敬。"

佛告诉贤护："菩萨对所听闻此法门的地方，不应当持谄媚的态度。假使菩萨这样做，就应当经常乐于独处，不吝惜身家性命，不得贮聚谷米食具，应常常乞食，不受人家的宴请，不嫉妒，自觉守戒，依法而住，所有的东西都能知足，常常经行不松懈，不贪睡眠。贤护，这就是经中的教导，想舍弃爱欲出家当比丘的菩萨，应当这样修持遵守此法门。"

于是，贤护菩萨对佛说："世尊，我想再请教一下，如果后世有的菩萨懈怠，闻此法门，不精进修行，而自念：我只能等当来佛出世的时候才能修此法门了。为什么呢？你看，我身体这么瘦，又有病，恐怕修不成。他听闻此经，也就不去精进修行了。如果菩萨要精进修道，想学此经，应当教他遵循这部经的教导去做，不惜身家性命，不羡慕那些有所得的人，有人赞扬也不沾沾自喜，不贪供养，对世间智慧和出世间智慧都不贪慕执着，清心寡欲，听闻经典，不懈怠，精进不止。那位菩萨不应当想等将来再修此法门，而应当想：即使我的皮肉、筋骨、骨髓都腐烂了，修习此法门终不松懈，哪怕是死了，也不懈怠。听闻此经后，无不欢喜。”

这时，佛说：“好极了！好极了！贤护，你所说的很对，我很欢喜，过去、将来、现在一切佛都随你而欢喜。”佛这时念偈语：

像我今天所说法，都能受学独处独行。
修行功德自守戒，求此法门不难得。
沿门乞食不受请，爱欲享乐都抛弃。
从听闻此法门处，尊敬法师如同佛一般。
若有诵行此定门，常当精进莫懈怠。
不得吝惜于宣讲经法，不能贪求供养才给人讲经。
乐于传授此三昧，这才算是佛弟子。

如此讲授与奉行，进入定门终不久。
常当努力不懈怠，不贪睡眠心开解。
远离那些恶知识，一心求此善法门。
不图安逸不休息，时常舍离与世俗人的聚会。
出家僧人求此法，追随佛教当如此。

2 比丘尼学此三昧

贤护菩萨问佛说：“请问比丘尼求菩萨道，想修持此法门，遵守此经法，应当如何做？”

佛告诉贤护说：“比丘尼发大乘菩提心，修持此法门的人，应当谦虚、恭敬，不应当嫉妒，不得发怒、怨恨，抛弃自高自傲，精进努力不松懈，不贪睡眠，经行不睡，不积聚财物，不谋利益，身心清净，保持清洁，不惜身家性命。经常乐于经典，刻苦多学，弃除淫欲、愤怒、愚痴等习气，从魔鬼所设的罗网中跳出来，去除以前所喜好的服装、珠环等装饰品，不恶口，不贪爱好的衣钵供养。受到别人的称誉不讨好、谄媚。修学此法门时，应当敬重教师，视同于佛，应当按照经中的教导去做，守此定门。”佛这时念偈语道：

比丘尼众行恭敬，无怨无恨不嫉妒。
弃除骄傲不自大，如此修行得三昧。

常精进，不睡卧，弃贪欲，不图长寿。

一心慈悲求此法，当如此修佛立定。

不得有淫欲心，不得怨恨及愚痴。

莫堕入魔王罗网，求三昧当如是。

如有修持此法门，无调戏，舍弃对色身的贪爱。

当坚信，莫狐疑，当至诚，勿虚饰。

舍弃小慈行大慈，尊敬善师无傲慢。

当去离于众恶，修此定门当如此。

修行求法想成功，不贪衣钵与供养。

从师听闻此三昧，视师如佛无差异。

3 男居士学此三昧

贤护菩萨跟佛说："善男子居家修道，听说此法门，想学习、奉持此法门，应当如何？"

佛告诉贤护："善男子居家，想修学此法门，守持此定，应当持守五戒，住于净洁的地方，不喝酒，也不请别人喝。不得与其他人行淫，自己不这样做，也不教人这样做。不得沉湎于对妻子、儿女的情爱之中，不得系念男女欲爱之事，不得挂念财产。时常想离开妻儿，出家当比丘。时常持守八种禁戒，斋戒时应当时常到寺院，参加特定日子所举行的戒法及忏悔仪式。时常想到布施别人，不想到我自己这样多布施就能多得福。当多行布施，为万民求幸福安乐。应当时常对善知识慈悲奉事，见到持戒出家人不得轻易说他的坏话。这样做了，就能学习、奉持好此法门。”佛这时说了下面的偈语：

居家菩萨，欲得此法门，
常当学根本，心无所贪慕。
诵持此经，乐于出家作沙门。
不贪恋妻子，舍离于财色。
常奉持五戒，一个月一次八关斋，
斋时于佛寺，修定多布施。
不说别人恶，不得轻慢人。
一切不执着无所求，当行此法门。
恭敬诸经法，常当乐佛道。
常无谄媚与虚伪，也无吝惜与妒忌。
有修此定门，常当恭敬善知识。
勿自大与放逸，事师如同佛。

4 女居士学此三昧

贤护菩萨对佛说：“若有善女人，想发大乘无上菩提心听闻此法门，想学守此定，应当如何？”

佛告诉贤护菩萨：“如果在家女居士求大乘道，发菩提心，听闻此法门，想奉持此定，应当守持五戒，做到三点：自觉皈依佛，皈依于法，皈依于僧。不能侍奉外道，不能崇拜天，不得占卜择日，不得调弄戏耍，不得轻视怠慢他人，不得有贪心。女居士应当时常念布施，欢喜乐意听闻此经，致力广博学问。女居士应当时常敬重教师，心常不疲倦、不松懈。如果僧尼路过，应时常敬之如宾客，以饮食侍奉他们。”佛这时又说了偈语：

若有在家善女人，诵持此法门，当从佛法教，遵守五禁戒。

守持此定门，应当尊敬佛。皈命法和僧，恭敬一切善知识。

不得事外道，不得祭拜天。行持此法门，见人立送迎。

除去杀盗淫欲，至诚不搬弄是非，不得饮酒食。

当持此法门，不得怀贪心。常当念施舍，除去谄谄与阿谀。

不得说人短，常当恭敬侍奉比丘比丘尼。

恭敬听法语，如此方能修定门。

授决品第七
——知难而进奉持此经

原典

般舟三昧经授决品第七[1]

跋陀和菩萨问佛："少有及者，天中天、怛萨阿竭[2]，乃说是三昧，诸菩萨所乐精进行，无有懈怠于阿耨多罗三藐三菩提。佛般泥洹后，是三昧者，当在阎浮利[3]内不?"

佛告跋陀和菩萨："我般泥洹后，是三昧者，当现在四十岁，其后不复现。却后乱世佛经且欲断时，诸比丘不复承用佛教。然后乱世时，国国相伐，于是时是三昧当复现阎浮利内，用佛威神故，是三昧经复出也。"

跋陀和菩萨、罗怜那竭菩萨从坐起，正衣服，叉手于佛前白佛："佛般泥洹后乱世时，我曹共护是三昧，持是三昧，具足为人说之，闻是经卷无有厌极时。"

摩诃须萨和菩萨、憍日兜菩萨、那罗达菩萨、须深菩萨、因坻达菩萨、和伦调菩萨共白佛言："佛般泥洹去，却后乱世时，是经卷者，我辈自共护持，使佛道久在。其有未闻者，我辈当共为说，教授是深经。世间少有信者，我曹悉受之。”

时，五百人从坐起，比丘、比丘尼、优婆塞、优婆夷，皆叉手于佛前，往白佛：“佛般泥洹后乱世时，闻是三昧，悉自持护愿持。我五百人嘱累是八菩萨。”

时，佛笑，口中金色光出，至十方不可计佛国，悉照明，还绕身三匝，从头上入。阿难从坐起，更披袈裟，前至佛所为佛作礼，却住叉手以偈赞曰：

其心清净行无秽，神通无极大变化。
已过诸碍超众智，光明除冥去垢尘。
智慧无量心普解，佛天中天鹖鸭音[④]。
一切外道莫能动，何缘而笑出妙光？
愿正真觉为解说，慈愍一切众生尊。
若有闻佛柔濡音，解释达圣化俗行。
世尊所感非唐举，众圣导师不妄笑。
今者谁当在决[⑤]中？世雄愿为解此意。
今日谁住道德坚，谁当逮得兴妙行？
谁今受得深法藏？无上道德众所归。
今日谁当愍世间，谁当奉受是法教？
谁坚立于佛智慧？世尊愿为解说之。

佛尔时为阿难说偈言：

佛语阿难汝见不，五百人等在前立。
其心欢然歌颂曰，我等亦当逮是法。
颜色和悦敬视佛，我等何时得如是！
皆悉竦立嗟叹佛，我辈会当逮如是。
五百人等今现在，名字虽异本行同，
常乐奉受是深经，于当来世亦复然。
今我嘱累告汝等，佛慧无量知彼本。
是等不独见一佛，亦不立此得其慧。
彻照彼之宿世命，以曾更见八万佛。
五百人等存在道，常解经义勉行成。
劝助无数诸菩萨，常行慈哀护经法。
劝化一切众人民，悉令逮得大道行。
知见过去诸世尊，睹八十亿那术数。
名德普大脱于心，拥护是法三转行。
现世于此受我教，分布供养是舍利。
安谛受习佛所化，皆悉讽诵有所付。
着于塔寺及山中，若付天龙乾陀罗⑥。
各个转授经卷已，寿命终讫生天上。
天上寿尽还世间，各个而生异种姓。
当复取此佛道行，分别是经如所愿。
用爱乐斯经法故，求辄得之持奉行。

受是经法诵习者，逮于大道不复难。
其有爱乐此经卷，受诵讽持讲说者。
当知五百人中人[13]，其心爱乐终不疑。
假使施得是经法，爱乐道义加精进。
行清净戒除睡卧，逮是三昧终不难。
欲获安隐布经戒，比丘受学在闲居。
常行分卫[14]知止足，逮是三昧终不难。
舍离众闹不受请，口莫贪味弃爱欲。
所从闻是经法者，敬如世尊常供事。
除去悭贪受是法，断绝淫欲弃愚痴。
发起大道心无疑，然后学行是三昧。
行无所着舍诸欲，常自谨慎弃恚恨。
精进奉行佛法教，然后受学是三昧。
不贪男女及所有，远离憍慢并妻妾。
居家修道常惭愧，然后学诵是三昧。
无贼害心行柔顺，不乐谤讪舍诸恶。
不用色求得法忍，当善讽诵是三昧。
若比丘尼学是法，常当恭敬弃憍慢。
远离调戏及贡高，得是三昧不复难。
常行精进除睡卧，不计吾我诸人物。
爱乐法者不惜命，然后学诵是三昧。
制淫逸意舍所着，无嗔恚心弃谀谄。

终不复堕魔罗网，持是三昧得如是。
于诸众生行平等，除去放逸众尘埃。
性无卒暴及粗言，然后学诵是三昧。
于钵震越及衣服，不得须臾有贪爱。
尊敬善师视如佛，然后学诵是三昧。
以逮善利离恶道，一心信乐佛法教。
远离一切八难处，持是经者得如是。

注释

①**七**：原误为“十”，据上下文义改。

②**怛萨阿竭**：如来。见《行品》注㉒。

③**阎浮利**：阎浮提。见《譬喻品》注①。

④**鹖鸭音**：鹖鸭当为鹖，又作歌罗频伽、迦陵频伽，即妙声鸟的声音。此鸟本在雪山，在山中即能鸣，其音和雅，听者无厌。

⑤**决**：指义理的决定，为印度正理学派所创立的十六种认识及推理论证方式之一——决谛。参《佛光大辞典》第三九三页。

⑥**天龙乾陀罗**：天龙，诸天与龙神，为八部众之二众。乾陀罗，香神，为八部众之一。《贤护》译作“天龙及金鸟”。

⑦**八难**：指见闻佛法的八处障难。一、地狱；二、饿鬼；三、畜生；四、北拘卢洲，因为乐报殊胜，总无苦恼，故难见佛法；五、长寿天，色界、无色界长寿安稳之处；六、聋盲疯哑；七、世智辩聪；八、佛前佛后。

⑧**弥勒佛**：指从佛受记将继释迦佛位为未来佛的菩萨。原出生于婆罗门家庭，后为佛弟子，先佛入灭；上生于兜率天内院，经四千岁当下生人间，于华林园龙华树下成佛，广传佛法。

⑨**法忍**：谓对于诸经所说微妙幽深之法义能不惊怖，且能勤学读诵，而安住于教法之真理中。

⑩**那术**：又译作那术多、那由他。那由他为亿。

⑪**道行**：指修道的功行。

⑫**受持名**：受持佛菩萨的名号。念佛修净土的人即受持阿弥陀佛的名号，求生净土。故念佛的人叫持名行者。

⑬**人中人**：对念佛行者的五种美称之一。《观无量寿经》把他们誉为人中白莲花。

⑭**分卫**：乞食。以乞得之食物分给众比丘、比丘尼，以护卫他们修道。

译文

1 此经在沉寂后重现

贤护菩萨问佛："少有能及者，天上天下最尊贵的佛，你所说的这个定门，诸位菩萨都乐意精进奉行，毫不懈怠，以求证得无上正等正觉。不知道你涅槃后，这个法门能不能在南赡部洲流通？"

佛告诉贤护菩萨："我涅槃后，这部经当流通四十年，以后不再出现。到以后的动乱年代佛经将要断绝时，许多出家人不再奉持佛教了。到世上纷乱不止、国与国之间相互攻打时，这部佛经将再度出现于世。"

2 誓于乱世奉持此经

贤护菩萨、罗怜那竭菩萨从座位站起来，整了一下衣服，叉着手来到佛面前告诉佛："佛涅槃后处于乱世的时候，我们共同来护卫此经法，修持此法门，广泛为众人宣说，听闻这部经没有厌倦时。"

摩诃须萨和菩萨、憍日兜菩萨、那罗达菩萨、须深菩萨、因坻达菩萨、和伦调菩萨一起对佛说："佛涅槃后，处乱世时，对于这部经卷，我们共同护持，使佛道久行于世。别人未听闻此经，我们当共同宣说，为他们讲解此经。世间稍有信根的人，我们都向他们传授此法门。”

3 佛光遍照十方

这时，五百位菩萨从座位上站起，四众弟子都叉手在前，对佛说：“佛涅槃后，逢乱世时，听闻此正法，我们都自愿奉行、护持此经，听从八大菩萨的教诲。”

这时，佛微笑着，口中放出金光，光芒照耀到十方无数佛国，一片光明，然后光绕佛身周围，从头顶而入。阿难从座位起来，披好袈裟，走到佛面前，对佛施礼，然后叉起手，念了下面的偈语：

其心清净行为无污染，神通无极大变化。
越过种种障碍超众智，光明遍照除去尘埃。
智慧无量心能普遍得解脱，佛音微妙胜过迦陵鸟。
一切外道不能使他动摇，微笑放光是何因？
愿大觉士为解说，慈悲哀怜于众生。
如果听闻佛妙音，洞明圣解教化广实行。
世尊所感非为妄，众圣导师岂虚笑？
今日谁当作决定？世尊愿为解此意。
谁住持佛法道德坚？谁行佛法使其兴旺？
谁能传承这深妙佛藏？谁能作为众人的归宿？

谁于今日利世间？谁当总宣佛法藏？
谁于佛智得常住？世尊愿为解说之。

佛这时以偈语回答阿难道：

佛告诉阿难汝见到没有，五百人等在前立。
他们心欢喜歌颂道，我等当奉此经法。
颜色和悦敬视佛，我等何时得此法门！
都肃立赞叹佛，我辈当亦能如此！
五百人等今现在，名字虽异根本修行都一样。
当乐奉受此深经，将来乱世亦同样。
今我嘱托告你等，佛慧无量要知其根本。
此辈不独见一佛，亦不立此得其慧。
我能透彻了解彼前世命，曾经尊敬八万佛。
五百人等存在道，常解经义勉行成。
劝助无数诸菩萨，常行慈悲哀悯众生护经法。
劝化一切众人民，都令证得菩提道。
能见过去诸佛，超过八十亿亿多。
名僧大德心得大解脱，彼时此等已奉持。
现世于此受我教，分布供养是舍利。
奉持受习佛的教化，皆能讽诵有所付托。
安置塔寺及山中，付嘱天龙及金鸟。

各个传授经卷后，寿终皆得生天上。
后虽转生于人间，常不离于好种姓。
当能重新持此佛道行，依持此经如所愿。
只因爱乐此经法，求则得之持奉行。
令无数人得听闻，欣喜无限心无等。
求法精诚不厌倦，不贪身体及寿命。
降伏一切诸外道，授其经法弘扬其志向。
此经法是否无人能受，谁持讽诵讲说者？
今四辈人住我前，五百之众完全能奉持。
八位菩萨是，贤护、罗怜那竭、那罗达、
摩诃须萨、和伦调、因坑达、须深、惁日兜。
比丘比丘尼及清信士，奉玄妙法神德具。
常以经法哀悯世间，宣畅大乘经普流传。
贤护菩萨等八贤，五百人中称英雄。
常当奉持大乘经，于世俗一切无贪着。
得微妙乐除众苦，百福之体相庄严。
常行慈悲哀悯度众生，使得安隐灭除诸烦恼。
寿终之后生法家，不复归于三恶道。
世世相随常和合，得无上菩提最胜事。
已弃捐于八难处，远离一切诸恶道。
其功德行无边际，所受福祐无法估量。
复当得见弥勒佛，于彼常起皈依心。

恭敬供养生平等慈悲哀悯心，唯求无上清净道。
其时此辈共和同，正意奉事人中尊。
不倚俗事得法忍，速达无上菩提道。
彼常奉持此经法，夜以继日劝讽诵。
广积功德行清净，遇弥勒时义如此。
于此贤劫所兴佛，广利世间如灯放光明。
所在之处护正法，诚心奉事三世佛。
处处悉心供养佛，见三世佛除去一切毒。
当速修得菩提道，不可思议无限量。
若中有身前得佛道，后人辗转相供养。
将来无数亿劫后，于此终竟乃断绝。
于是居士如贤护，罗怜那竭、那罗达，
及须萨和憍日兜，曾见诸佛多如恒沙。
常当奉事佛正法，广泛传播诸佛无亿数。
功德无量不可计，至于无数亿劫中。
若有众生受持佛名号，或于醒时及梦中。
能勇猛精进引导世人如狮子，彼辈皆得无上佛菩提。
如能面见及听闻，真能信敬及随喜，
皆得成佛无疑虑，何况奉持供养佛者？
如果怨恨及谩骂，怀恶意向捶打人者，
受此八人威神恩，尚且得成佛何况恭敬礼佛者？
彼所受法不可思议，称名功德无量寿无量。

利益广大无穷尽，功德智慧不可知。
常得面见无量佛，清净持戒如恒河沙。
于是广为行布施，以求无上佛菩提。
如此功德不可数，多劫宣说难穷尽。
受持此经诵习者，达菩提道不再难。
如有爱乐此经卷，受持讽诵讲说者，
五百人如人中白莲花，其心爱乐终不疑。
假使施得此经法，爱乐道义更精进。
行清净戒除睡眠，入此定门终不难。
欲得安隐传播经戒，比丘受学在道场。
常行乞食知止足，得此定门终不难。
脱离闹市不受请，不贪美味舍弃爱欲。
从师听闻此经法，敬奉善师如世尊。
除去贪吝受此法，断绝淫欲摈弃愚痴。
发起菩提心终无疑，然后奉持此定门。
行无执着舍贪欲，常自谨慎无怨恨。
精进奉行佛法教，然后奉持此定门。
不贪着男女及所有物，远离骄傲怠慢及妻妾。
居家学道常怀惭愧心，然后学诵此经法。
无贼害心行为柔顺，舍除毁谤讥笑等恶习。
不用色求得坚持之力，常善讽诵此法门。
若比丘尼学此法，常当恭敬弃骄慢。

舍离调戏及自傲，得此定门终不难。

常行精进除睡眠，破除我执与物欲。

爱乐佛法不惜命，然后学诵此定门。

制止淫欲意不执着，无怨恨心不谄媚。

终不再堕魔鬼罗网，持奉此法得如此。

于诸众生行平等，除去放逸扫尘埃。

性不粗暴及恶语，然后能奉持此法门。

华丽衣服及涂熏，不得须臾有贪爱。

尊敬善师视如佛，然后学诵此定门。

生永离众恶道，深信乐于奉行佛法教。

远离一切八难处，持此佛立定门得如此。

拥护品第八
——修佛立定龙天护卫

原典

跋陀和菩萨、罗邻那竭菩萨、㤭日兜菩萨、那罗达菩萨、须深菩萨、摩诃须萨和菩萨、因坻达菩萨、和伦调菩萨，见佛所说，是八菩萨皆大欢喜，持五百劫波育锦衣①，持珍宝布施，持身自归供养佛。

佛语阿难："是跋陀和等，于五百菩萨人中之师，常持中正法，合会随顺教莫不欢喜者，欢乐心、随时心、清净心、却欲心。”是时，五百人皆叉手立佛前。

跋陀和菩萨白佛言：“菩萨持几事得是三昧？天中天！”

佛言：“菩萨有四事疾得是三昧。何等为四？一者不信余道；二者断爱欲；三者如法行；四者无所贪生。是为四，菩萨疾得是三昧。”

佛告跋陀和：“若有菩萨学是三昧者，若持若诵若守，今世即自得五百功德。譬如，跋陀和，慈心比丘终不中毒，终不中兵，火不能烧，入水不死，帝王不能得其便。如是菩萨守是三昧者，终不中毒，终不中兵，终不为火所烧，终不为水所没，终不为帝王得其便。譬如，跋陀和，劫尽坏烧时，持是三昧菩萨者，正使堕是火中，火即为灭。譬如大罂水灭小火。”

佛告跋陀和：“我所语无有异。是菩萨持是三昧者，若帝王、若贼、若水、若火、若龙、若蛇、若阅叉鬼神[②]、若猛兽、若大蟒、若蛟龙、若师子、若虎、若狼、若狗、若人、若非人、若枷玃、若薜荔、若鸠洹鬼神[③]，若欲娆人、若欲煞人、若欲夺人钵震越，若坏人禅、夺人念，设欲中是菩萨者，终不能中。”

佛言：“如我所语无有异，除其宿命所请，其余无有能中者。”佛言：“我所语无有异。若有菩萨持是三昧者，终不病目，若耳鼻口身体无病，其心终不忧，终不厄。是菩萨若死若近死，设有是患者，佛语为有异，除其宿命所作。”

“复次，跋陀和，是菩萨诸天皆称誉，诸龙皆称誉，诸阅叉鬼神皆称誉，诸阿须轮皆称誉，迦留罗鬼神、真陀罗鬼神、摩睺勒鬼神、若人非人，皆称誉是菩萨。诸佛天中天皆称誉是菩萨。”

“复次，跋陀和，是菩萨为诸天所护，为诸龙所护，四天王④、释提桓因⑤、梵三钵天⑥皆护是菩萨，阅叉鬼神、干陀罗鬼神、阿须伦鬼神、迦留罗鬼神、真陀罗鬼神、摩睺勒鬼神、若人非人，皆共拥护是菩萨，诸佛天中天皆共拥护是菩萨。”

“复次，跋陀和，是菩萨为诸天所敬爱，诸龙、阅叉鬼神、干陀罗鬼神、阿须伦鬼神、迦留罗鬼神、真陀罗鬼神、摩睺勒鬼神、若人非人，皆共敬爱是菩萨，诸佛天中天皆无有爱欲，以道德故皆复敬爱是菩萨。”

“复次，跋陀和，是菩萨诸天皆欲见之，诸龙、阅叉鬼神、干陀罗鬼神、阿须伦鬼神、迦留罗鬼神、真陀罗鬼神、摩睺勒鬼神、若人非人，皆思乐欲见是菩萨，诸佛天中天皆各个欲使是菩萨往到其所，用人民故欲使往。”

“复次，跋陀和，是菩萨诸天皆来至其所，诸龙、阅叉鬼神、干陀罗鬼神、阿须伦鬼神、迦留罗鬼神、真陀罗鬼神、摩睺勒鬼神、若人非人，皆来至是菩萨所，与共相见。诸佛天中天，菩萨不但昼日见，夜于梦中，若见诸佛身，若诸佛各个自说其名字。"

"复次，跋陀和，是菩萨所未诵经，前所不闻经卷，是菩萨持是三昧威神，梦中悉自得其经卷名。各个悉见悉闻经声，若昼日不得者，若夜于梦中悉见得。"

佛告跋陀和："若一劫，若复过一劫，我说是菩萨持是三昧者，说其功德不可尽竟，何况力求得是三昧者？"

佛尔时颂偈言：

若有菩萨学诵是，佛说三昧寂定义。
假使欲叹其功德，譬如恒边减一沙。
刀刃矛戟不中伤，盗贼怨家无能害。
国王大臣喜悦向，学此三昧得如是。
蚖蛇[7]含毒诚可畏，见彼行者毒疾除。
不复嗔恚吐恶气，诵是三昧得如是。
怨仇嫌隙莫能当，天龙鬼神真陀罗[8]。
睹其威光皆嘿然，学此三昧得如是。
山野弊狼及大蟒，师子猛虎鹿狮狮。
无伤害心摄藏毒，悉来亲护是行者。
弊恶鬼神将人魂，诸天人民怀害心。

感其威神自然伏，学此三昧得如是。
其人不病无苦痛，耳目聪明无暗塞。
言辞辩慧有殊杰，行三昧者速逮是。
其人终不堕地狱，离饿鬼道及畜生。
世世所生识宿命，学此三昧得如是。
鬼神干陀共拥护，诸天人民亦如是。
并阿须伦摩睺勒，行此三昧得如是。
诸天悉共颂其德，天人龙鬼真陀罗。
诸佛嗟叹令如愿，讽诵说经为人故。
其人道意不退转，法慧⑨之义而无尽。
姿颜美艳无与等，诵习此经开化人。
国国相伐民荒乱，饥馑荐臻怀苦穷。
终不于中夭其命，能诵此经化人者。
勇猛降伏诸魔事，心无所畏毛不竖。
其功德行不可议，行此三昧得如是。
妖蛊幻化及符书，秽浊邪道不正行。
终无有能中其身，用爱乐法达本故。
一切悉共歌其德，具足空慧佛尊子。
然后当来最末世，手得是经得如是。
常行精进怀喜踊，用心和悦奉此法。
受持经卷讲讽诵，今我以是为彼说。

注释

①**劫波育锦衣**：指棉布衣，为比丘能穿的十种衣之一。

②**阅叉鬼神**：又名夜叉、药叉、捷疾鬼、勇健。能伤害人，飞行空中，摄地行类诸罗刹。

③**若伽玃、若薜荔、若鸠洹鬼神**：当指四天王所领之八类鬼神，如乾闼婆（香神、乐神）、兰荔多（饿鬼）、鸠槃荼（厌魅鬼）等。

④**四天王**：指东方持国天王、西方广目天王、南方增长天王、北方多闻天王。即护世四天王，亦称四大金刚。

⑤**释提桓因**：天主、帝释天。

⑥**梵三钵天**：应天王、梵天王、梵摩三钵。

⑦**蚖蛇**：又叫四蚖蛇，比喻地水火风之四大相诤，能令人身死，如毒蛇一样。

⑧**真陀罗**：又作甄陀罗、紧那罗，天名，原译作人非人、人疑神，后译为歌神，即乐神名，八部众之一。似人而有一角，故号人非人，天帝法乐神，居十宝山。有微妙音响，能作歌舞，男则马首人身能歌，女则端正能舞，次此天女，多与乾闼婆天为妻室也。

⑨**法慧**：指过去世五十三佛之一。五十三佛即阿弥陀佛之师世自在王佛以前的五十三位佛。见《无量寿经》（曹魏康僧铠译）。

译文

1 八菩萨以珍宝、己身供养佛

贤护菩萨、罗邻那竭菩萨、憍日兜菩萨、那罗达菩萨、须深菩萨、摩诃须萨和菩萨、因坻达菩萨、和伦调菩萨八位菩萨听佛说经，都十分欢喜，持五百件棉织的上等僧衣，各种珍宝布施，乃至用自己的身体供养佛。

佛告诉阿难："贤护菩萨等八人，是五百菩萨之师，常持中道正法，用以教化劝导众人，令众欢喜，众人即得随顺之心、真实之心、清净之心、离欲之心。"这时，五百人都叉手站立佛面前。

2 如法修行不信外道

贤护菩萨告诉佛说："世尊，菩萨应当具足几个方面的条件才能得此念佛修定法门？"

佛说："菩萨有四方面的条件，才能得此法门。哪四个呢？第一，不信外道；第二，断绝爱欲；第三，依法修行；第四，对生命不贪图执着。具备这四点，就能很快得此念佛法门。”

3 学此三昧诸天拥护

佛告诉贤护：“如果菩萨修学此定，能奉持、讽诵、遵守，今生就能得五百功德。譬如，贤护菩萨，有仁慈之心的比丘，终不会中毒，终不会被兵器杀伤、大火所烧，掉入水中也不会淹死，恶官也不能损害他。菩萨能修持此法门的人，都能如此，不会中毒，不为刀兵所伤、不被火烧、水淹、恶官也不能损害他。比如，贤护菩萨，在大劫将到尽头，即将被烧毁时，持此法门的菩萨，即使堕落大火中，火也会被扑灭。好比大罂的水能灭小火一样。”

佛告诉贤护：“我所说的没有什么特殊的。凡是菩萨持此法门，不管是帝王、贼，还是水、火、龙、蛇、夜叉鬼神、猛兽、毒蟒、蛟龙、狮子、虎、狼、狗、人、似人非人、鬼神，在他们想娆乱人，想杀人，想夺人衣钵，破坏别人入定、扰乱人的正念时，总不能伤害到这些菩萨。”

佛说：“我所说的莫非如此，除了受其先世的业报，不能逆转外，无不如此。”佛说：“我说的无不是如此。如果有菩萨修持此法门，总不会生眼病，耳、鼻、口、身都无病，其心终不受干扰，不会遭到灾难。如果这些菩萨临终或生命垂危时，有这些病患，那一定是宿世的因缘所造成的，不然是不会有这些病患的。

“再次，贤护，这些菩萨还会受到诸天、龙神、夜叉鬼神的称誉，受到阿修罗、迦留罗、真陀罗鬼神、摩睺勒鬼神、人以及非人、佛的称誉。

“再次，贤护，这些菩萨为诸天所保护，为诸龙、四天王、帝释天、梵天的护佑，受到夜叉鬼神、干陀罗鬼神、阿修罗鬼神、迦留罗鬼神、真陀罗鬼神、摩睺勒鬼神、人非人的拥护，诸佛也拥护这些菩萨。

“再次，贤护，这些菩萨会受到诸天的敬爱，受到诸龙、夜叉、鬼神、干陀罗鬼神、阿修罗鬼神、迦留罗鬼神、真陀罗鬼神、摩睺勒鬼神、人非人的敬爱，诸佛本来已离开了爱欲，出于纯粹道德的原因，也敬爱这些菩萨。

“再次，贤护，这些菩萨诸天皆想见到他们，诸龙、夜叉、鬼神、干陀罗鬼神、阿修罗鬼神、迦留罗鬼神、真陀罗鬼神、摩睺勒鬼神、人非人，都乐于见到他们，诸佛为了普度众生的缘故，都想接他们到佛教的道场去。

“再次，贤护，诸天、龙、夜叉、鬼神、干陀罗鬼神、阿修罗鬼神、迦留罗鬼神、真陀罗鬼神、摩睺勒鬼神、人非人，都来到这些菩萨的住所，与他们相见。至于诸佛，这些菩萨不但白天见到，晚上睡梦中都能见到诸佛，诸佛各自说出他们的名字。

“再次，贤护，这些菩萨在住所没有诵经，以前也没有听到经卷，但凭着念佛定的威神力量，梦中皆晓得经卷的名称，各个都能听到诵经的声音，如果白天听不到，晚上梦中也能听到。”

佛告诉贤护：“即使用一劫、二劫那么久远的时间，我来说菩萨修持念佛定法门的功德也说不完，更何况努力求得此法门的无尽功德呢！”

佛这时念了下面的偈语：

若有菩萨学诵此，佛说念一切佛立定，
赞叹不尽其功德，犹如无边恒河沙。
刀剑长矛不能伤，盗贼怨家不能害。
王公大臣喜悦归向，学此法门得如是。
大蛇含毒确实可怕，见修行人毒速除，
不再怨恨吐恶气，诵此法门得如此。
冤家仇人莫能挡，天龙、鬼神人非人，
见其威光皆沉默，学此法门得如是。
山野恶狼及蟒蛇，狮子猛虎及野牛，
无伤害心收敛其毒焰，都来护卫此行者。
鬼神恶煞勾人魂，诸天人民担心受害。

感其威神自然驯伏，学此法门得如此。
其人不生病无苦痛，耳聪目明无障碍。
能言善辩智慧称殊胜，行此法门速达此。
其人终不堕地狱，离饿鬼畜生诸恶道。
世世所生知因果，学此法门得如此。
鬼神龙神共拥护，诸天人民亦赞同，
阿修罗摩睺勒也来护卫，行此法门得如此。
诸天都来颂其德，天人龙鬼与人非人。
诸佛赞叹使你都如愿，为人讽诵说经的缘故。
其人道意不退转，久远世佛法慧之义永无尽。
姿容美貌无法比，诵习此经开示教化人。
国家争端民荒乱，饥饿至极人民受苦穷。
终不于中夭其命，必因诵经化度人。
勇猛降伏诸魔事，心无所畏毛不竖。
其功德行不可量，奉持此经得如是。
妖蛊幻化及符书，秽浊邪道不正行。
终无有能危害者，只因爱乐佛法达本故。
一切都来歌颂其功德，具足解空智慧是佛子。
于后将来最末世，亲手得此经必如此。
常行精进怀喜悦，同心和悦奉此经。
受持经卷勤讽诵，今我以此为彼说。

羼罗耶佛品第九
——参无畏王修此定

原典

佛告跋陀和："乃往昔时不可计阿僧祇劫，尔时，有佛名羼罗耶佛怛萨阿竭阿罗诃三耶三佛[①]，于世间极尊，安定于世间，于经中大明，天上天下号曰天中天。尔时，有长者子名须达[②]，与二万人俱，来至羼罗耶佛所，为佛作礼，却坐一面，须达长者子问羼罗耶佛是三昧。羼罗耶佛知须达长者子心所念，便为说是三昧。须达长者子闻是三昧已，大欢喜，即悉讽受得作沙门，求是三昧八万岁。时，长者子须达从佛闻经甚众多，悉从无央数佛闻经，其智慧甚高明。长者子须达其后寿终，生忉利天[③]上，以后复从天上来下生世间。"

"尔时，故劫中复有佛，名术阇波提怛萨阿竭阿罗诃三耶三菩[④]。时，佛在刹利[⑤]家生。尔时，长者子须达复于佛所闻是三昧，复求之。时，长者子须达其后复于故劫中复有佛，名赖毗罗耶[⑥]怛萨阿竭阿罗诃三耶三佛，波罗门[⑦]种。时，长者子须达复于佛所受是三昧，求守八万四千岁。"佛告跋陀和："长者子须达却后八万劫得作佛，名提和竭罗[8]。尔时，长者子须达为人高明勇猛，智慧甚广。”佛言：“见是三昧不？跋陀和，饶益乃尔，使人成就得佛道。若有菩萨得是三昧者，当学诵、当持、当教人、当守。如是者得佛不久。若曹知不？跋陀和，是三昧者，是菩萨眼，诸菩萨母，诸菩萨所归仰，诸菩萨所出生，若知不？跋陀和，是三昧者，破去于冥，明于天上天下，若知不？跋陀和，是菩萨三昧者，是诸佛之藏，诸佛之地，是珍宝渊海之泉，是无量功德之镇益[9]，明哲之经，当作是知三昧所出。

“如是从是中出佛，闻经正立于四意止中。何等为四意止中？一者自观身，观他人身，自观身观他人身者，本无身；二者自观痛痒，观他人痛痒，自观痛痒观他人痛痒者，本无痛痒；三者自观意，观他人意，自观意观他人意者，本无意；四者自观法，观他人法，自观法观他人法者，本无法。”

佛告跋陀和：“是三昧谁当信者？独怛萨阿竭阿罗诃三耶三佛、阿惟越致、阿罗汉乃信之耳。有愚痴迷惑心者，离是现在佛前立三昧远。何以故？是法当念佛、当见佛。”

佛告跋陀和：“是菩萨当念佛、当见佛、当闻经，不当有着。何以故？佛本无是法，无所因。何以故？本空无所有，各个行法念，是法中无所取，是法无所着。如空等甚清净，是法人所想，了无所有，无所有，是法假所因者空寂耳，如泥洹。是法无所有，本无，是法无所从来，亦无所从去。人本无是法，不着者近，有着者远。”

佛告跋陀和：“若有守是三昧者，因想入无想中，见佛念佛，守觉闻经念法。守觉不得念我，不得着法。何以故？有守觉。跋陀和，有守觉不见佛；有所着如毛发不得法。施他人有所希望为不施；持戒有所希望为不净；贪于法不得泥洹；于经中有谀谄，不得为高明；乐于众会中，喜于余道，终不能得一行；于欲中念难，有嗔恚不能忍辱，有所憎恶不得说他人。善求阿罗汉道者，不得于是见，现在佛悉在前立三昧中不逮。无所从来，生法乐，于中立；有所着不得空。菩萨终不得悭贪，有懈怠不得道，有淫逸不入观，所有念不入三昧。”佛尔时颂偈言：

是等功德不可计，奉戒具足无瑕秽。

其心清净离垢尘，行此三昧得如是。

设有持是三昧者，智慧普大无缺减。

博达众义常不忘，功德之行如月明。

设有持是三昧者，解了觉意不可识。

晓知无量之道法，无数诸天护其德。

设有持是三昧者，常自面见无数佛。

闻无量佛讲说法，辄能受持念普行。

设有持是三昧者，恶罪勤苦[10]皆灭除。

诸佛于世行愍哀，悉共嗟叹是菩萨。

假使菩萨欲睹见，当来无数佛世尊。

一心踊跃住正法，当学讽诵是三昧。

其有持是三昧者，其功德福不可议。

逮得人身最第一，出家超异行分卫。

若有末后得是经，逮功德利最第一。

得其福祐不可限，住是三昧得如是。

注释

①**羼罗耶佛怛萨阿竭阿罗诃三耶三佛：**羼罗耶佛，即无畏王佛。参《贤护》之译。怛萨阿竭为如来；阿罗诃为应供；三耶三佛为正遍知；为佛十号之三号。

②**须达：**又作须达多、苏达多，今译为善与、善给、善授、善温等。

③**忉利天：**欲界六重天之二，译作三十三天，帝释天为中央，四方各有八天，故名三十三天。在须弥山之顶上。

④**术阇波提怛萨阿竭阿罗诃三耶三菩：**第二如来，名电德如来、应供、等正觉。参《贤护》。

⑤**刹利：**刹帝利，为古代印度四种姓的第二等，即王族及士族。但佛典中称刹利为第一位种姓。

⑥**赖毗罗耶：**第三如来，名光王如来。参《贤护》。

⑦**波罗门：**即婆罗门，意为清净。印度第一种姓。婆罗门教、印度教称之为“人门之神”。是古印度一切知识的垄断者，自认为是印度社会的“最胜种姓”。从事修行的婆罗门称为梵志。

⑧**提和竭罗：**又译作提湖竭，即燃灯如来。又称燃灯佛、普光佛、锭光佛。

⑨**镇益：**义不详。疑原文“是无量功德之镇益，明哲之经”，当作“是无量功德之镇，益明哲之经”。镇，即汇集；益，即增进。《贤护》此句正作“是无尽藏显头陀功德”，“是能生大慈，能生大悲，能生菩提也”。生，即增进。

⑩**恶罪勤苦：**指所犯的罪恶及所遭受的辛劳、困苦。

译文

1 参无畏王修定成佛

佛告诉贤护：“过去无限久远的时代，有佛名叫无畏王、如来、应供、正遍知，在世间有极崇高的地位，安住于世间，对于经义十分明了，天上天下，称为至尊。这时有一位长者的儿子，叫须达（善给），与两万人一起来到无畏王佛的住所，向佛作礼，然后坐在一边，长者子善给向佛请教如何修持此念佛法门。无畏王佛知道善给深信佛法，便为他讲诵念佛定法门。善给听后，十分欢喜，受持讽诵此经出家修学此定门，有八万岁。那时，长者子善给从佛那里听闻很多佛经，从无数佛那里听佛经，有很高的智慧。善给后命终，生于三十三天上，又从天上下生人间。

“这一劫中还有一位佛，名电德如来、应供、等正觉。出生于刹利种家。这时，长者子善给又到电德如来住所听闻此念佛定法门，跟随他出家求法。善给还遇到从婆罗门家出生的光王如来，跟随他出家修行，在八万四千年中守持这念佛定法门。”佛告诉贤护：“长者子善给自此后过八万劫得成佛，名燃灯。这时，长者子善给为人高明勇猛，智慧广大。”

佛说：“见此法门没有？贤护，有如此爱乐于法，才有如此的求法之行。假如有人欲求得佛道，得此念佛定法门，应当学诵、奉持、教人、遵守此法门。如此才能不久成就佛道。你们知道吗？贤护，此法门，是诸菩萨的眼睛，诸菩萨的母亲，成为诸菩萨的归宿，为大家所尊仰，诸菩萨一切智慧、功德从此而生。你知道吗？贤护，这个念佛定法门，能离一切诸法黑暗，能使天上天下大放光明。你知道吗？贤护，菩萨所修的这个法门，是诸佛的宝藏，是诸佛所住持的地方，是珍宝大海的源头，是无量功德的汇聚，能增进慈悲、菩提智慧之宝典。应当知道，这些都是修持念佛法门的结果。

2 观想念佛得观慧

“因此，如果要从修持此法门而成佛，应当听经专心精勤观察四念处。什么叫四念处？第一，当专心观察自身，观察他人身，知自身、他人身，一切本无，毕竟不见；第二，专心观察自己对痛痒的感受、他人对痛痒的感受，知自己、他人此种感受，都不是真实存在的；第三，专心观察自己的意识、他人的意识，知自己、他人的意识，毕竟不存在；第四，专心观察自己的法行、他人的法行，知道自己、他人的法行，都是没有自性的。”

3 见闻佛法不执着

佛告诉贤护：“这念佛法门，谁能信受奉行？只有如来、不退转菩萨、阿罗汉才相信。如果有人被愚痴迷惑心窍的话，那么他就会离一切佛站立面前法门很远。为什么呢？这个法门应当常常念佛，才能见到佛。”

佛告诉贤护："菩萨应当念佛、观想佛、听闻经典，不应当有所执着。为什么？诸法皆空，本来无生。为什么？因为诸法本无所有，本无所念，从此法中本来也不得到什么，所以对什么都不要执着。好比虚空非常清净，这法也是清净的。诸法都是人们妄想而成，本无所有。法本无所有，凭借种种因缘而为有，本性是空的、涅槃寂静的。因此，诸法无所有，本来无所从来，也无所从去。人们本来也没有这个法，对此不执着就接近正法，对此有所执着，就离正法越来越远。"

佛告诉贤护："如果有守此念佛法门的人，就应观想而入什么都无所想的状态之中，见佛念佛，守住正觉，听经念法。守正觉，就是不对自我、对万法有所执着。为什么？贤护，有意识守正觉，就不能见佛；有所执着，即使有一丝一毫，也不能得到正法。施舍他人而图福报，不是布施；持戒有所希求别人赞扬，就不是持清净戒；贪着于法，就不能达到涅槃清净境界；对于经典阿谀、谄媚，也不算高明；乐于世俗的聚会，对外道感兴趣，始终无法有正确的行持；有所要求中遇到难处，即愤恨、怨怒，就不能忍耐、忍辱负重；有有所憎恶的偏颇，就不能劝说他人行于正道。善求阿罗汉道者，不能由此见道，现在一切佛都立在面前的法门也达不到。诸法无所从来，立足于此，就能产生法乐；有所执着，就不能悟空理。菩萨不能有贪心与吝啬，有松懈、怠惰，一定不能得道；有淫逸，就不能入于观行；有所系念，就不能入定。”佛这时说偈语道：

此等功德不可计，奉戒具足无污秽。
其心清净远离尘垢，修此法门得如是。
设有持此佛立定门，智慧倍增无缺陷。
多闻通达众义常不忘，功德圆满如明月。
如有受持此法门，得见诸佛识见不可思议理。
通晓无量之道法，无数天神护其德。
如有修持此法门，常见十方诸佛现面前。
听无数佛讲经法，则能受持普遍修供养。
如有持此定门者，恶罪勤苦皆除灭。
诸佛慈悲哀悯众生，都共同赞叹此菩萨。
假使菩萨想见到，将来无数佛世尊。
一心踊跃住持正法，当学讽诵此法门。
如果有修得此定门，其功德福难以估量。
待得人身最第一，常得出家乞食千家饭。
如能于末法时代得此经，得功德利堪称第一。
得其福报无限量，受持此法门应当得如此。

三　卷下

请佛品第十
——供养佛时请教修佛立定

原典

跋陀和菩萨整衣服，长跪叉手白佛言："我欲请佛及比丘僧，明日于舍食，愿佛哀受请。"佛及比丘僧默然悉受请。跋陀和菩萨知佛已受请，起至摩诃波喻提比丘尼所，白比丘尼言："愿受我请，明日与比丘尼俱于舍小饭。"摩诃波喻提比丘尼即受请。跋陀和菩萨语罗怜那竭菩萨："舍弟，诸郡国其有新来人悉请会佛所。"罗怜那竭菩萨前至佛所，为佛作礼，长跪叉手白佛言："我兄请佛，所有新来人悉欲请于舍食，愿哀受之。”跋陀和菩萨、罗怜那竭菩萨、憍日兜菩萨、那罗达菩萨、须深菩萨、摩诃须萨和菩萨、因坻达菩萨、和伦调菩萨，悉与宗亲俱，前以头面着佛足，及为比丘僧作礼。作礼已竟，从佛所去。归到罗阅祇国，至跋陀和菩萨家，共相佐助作诸饭具。四天王、释提桓因、梵三钵皆共疾来，佐助跋陀和菩萨作众饭具。

尔时，跋陀和菩萨宗亲共庄严罗阅祇国，持若干种杂缯帐，覆一国中。其街巷市里皆悬缯幡，举一国中悉散华烧香，作百种味饭具用佛故。比丘僧、比丘尼、优婆塞、优婆夷及诸贫穷乞匄[①]者，其饭具适等。何以故？不有偏施于人民，及蚑飞蠕动之类悉平等。

跋陀和与八菩萨与诸宗亲，以饭时俱往诣佛前，以头面着佛足，却白佛言：“饭食具以办，愿佛可行。”时，佛与比丘僧皆着衣持钵，俱诣来会者，皆随行入罗阅祇国中，到跋陀和菩萨家。跋陀和菩萨作是念：今佛威神故，令我舍极广大，悉作琉璃，表里悉相见。城外悉见我舍中，我舍中悉见城外。佛即知跋陀和心所念，佛便放威神，令跋陀和舍极广大，举一国中人民，悉见于舍中。佛前入跋陀和菩萨家坐，比丘僧、比丘尼、优婆塞、优婆夷，各个异部悉坐于舍中。跋陀和菩萨见佛、比丘僧坐已，自供养佛、比丘僧，若干百种饭手自斟酌。佛及比丘、比丘尼、优婆塞、优婆夷，皆已乃饭，诸贫穷者悉等与，悉各平足，皆持佛威神恩使之足。

跋陀和菩萨见佛诸弟子悉饭已，前行澡水毕竟，持一小机，于佛前坐听经。为[2]跋陀和菩萨及四辈弟子说经，莫不欢喜者，莫不乐闻者，莫不欲闻者。佛以经请比丘僧及诸弟子，佛起，与比丘僧俱去。

跋陀和菩萨饭已，与宗亲俱出罗阅祇国到佛所前，为佛作礼，皆却坐一面。及罗怜那竭菩萨、憍日兜菩萨、那罗达菩萨、须深菩萨、摩诃须萨和菩萨、因坻达菩萨、和伦调菩萨、跋陀和菩萨见人众皆安坐已，前问佛："菩萨用几事得见现在佛悉在前立三昧？"

佛告跋陀和菩萨："菩萨有五事，疾得见现在佛悉在前立三昧，学持谛行心不转。何等为五？一者乐于深经，无有尽时，不可得极，悉脱于众灾变去，以脱诸垢中，以去冥入明，诸曚胧悉消尽。"

佛告跋陀和："是菩萨逮得无所从来，生法乐，逮得是三昧。复次，跋陀和，不复乐所向生，是为二。不复乐喜于余道，是为三。不复乐于爱欲中，是为四。自守行无有极，是为五。

"菩萨复有五事，疾得是三昧。何等为五？一者布施心不得悔，无所贪，无所惜，从是不得有所希望，施人已后不复恨。复次，跋陀和，菩萨持经布施，为他人说经，所语者安谛[3]，无有疑，无所爱惜，说佛深语身自行立是中。复次，跋陀和，菩萨不嫉妒，所作无有疑，却睡卧，却五所欲，不自说身善，亦不说他人恶。若有骂者，若有刑者，亦不得恚，亦不得恨，亦不得懈。何以故？入空行故。复次，跋陀和，菩萨是三昧，自学复教他人，书是经，着好疋素上使久在。复次，跋陀和，菩萨所信多乐，敬长老及知识，于新学人[4]若得所施，当念报恩，常有识信，受人小施念报大，何况于多者。菩萨常乐重于经，弃捐无反复之意，常念有反复。如是者得三昧疾。”佛尔时颂偈言：

常爱乐法在深解，于诸习欲不贪生。
游步五道[5]无所着，如是行者得三昧。
好喜布施不想报，所惠无着不追念。
所与不见有受者，唯欲得解佛深慧。
愍伤众生行布施，其心喜踊不悔恨。
常立布施及戒忍，精进一心智慧事。
具足六度摄一切，慈悲喜舍四等心[6]。
善权方便济众生，如是行者得三昧。
若有与施除悭贪，其心欢跃而授予。
既施之后恒欣喜，如是行者得三昧。
晓知经法分别句，闻深要义佛所教。

讲说微妙道德化，如是行者得三昧。
其人学诵是三昧，具足解慧为人说。
令此经法得永存，如是行者得三昧。
常不秘奥佛经法，不望供养乃为讲。
唯求安隐佛道地，如是行者得三昧。
除去所着弃诸盖，捐去贡高及慢大。
不自称誉说彼短，终不复起吾我⑦想。
其有寂定意不起，便能解是道定慧。
弃捐谀谄心清净，用是速逮不起忍。
常行至诚无绮饰，其愿具足无缺减。
殖众正德无邪行，爱乐法者得道疾。
所诵习经常不忘，常护禁戒清净行。
如是行者得佛疾，何况奉是寂三昧！

佛告跋陀和菩萨："往昔无数劫，提和竭罗佛⑧时，我于提和竭罗佛所，闻是三昧即受持是三昧，见十方无央数佛，悉从闻经悉受持。尔时，诸佛悉语我言，却后无央数劫，汝当作佛名释迦文。"

佛告跋陀和菩萨："我故语汝，今自致作佛，是三昧若曹当学，为知内法第一，众所不能及，出众想去，其有于是三昧中立者，念得佛道。"佛尔时颂偈言：

亿念我昔定光佛[⑨]，于时逮得是三昧。

即见十方无数佛，闻说尊法深妙义。

譬有德人行采宝，所望如愿辄得之。

菩萨大士亦如是，经中求宝即得佛。

跋陀和菩萨白佛："当云何守是三昧？天中天。"

佛告跋陀和菩萨："色不当着，不当有所向生。当行空，是三昧当守。何等为三昧？当随是法行。复次，跋陀和，菩萨自观身无身，亦无所观，亦无所见，亦无所着，本亦无所盲，亦无所聋，如经中法，视住亦无所见，亦无所着。无所着为守道者，于法中无所疑。不疑者为见佛，见佛者为疑断。诸法无所从来生。何以故？菩萨有法疑想便为着。何等为着？有人有寿命、有德、有阴，有人有对、有想、有根、有欲，是为着。何以故？菩萨见诸法无所着，是法亦不念，亦不见。何等为不见？譬如愚人学余道自用，有人谓有身，菩萨不作是见。菩萨何等为见？

"譬如怛萨阿竭阿罗诃三耶三佛、阿惟越致、辟支佛、阿罗汉所见，不喜不忧，菩萨如是见，亦不喜亦不忧。守是三昧者，亦不喜亦不忧。譬如虚空，无色无想，清净无瑕秽。菩萨见诸法如是，眼无所罣碍见诸法，用是故见诸佛。见诸佛如以明月珠持着琉璃上，如日初出时，如月十五日在众星中央时，如遮迦越王与诸群臣相随时，如忉利天王、释提桓因在诸天中央时，如梵天王在众梵天中央最高坐，如炬火在高山顶烧，如医王持药行愈人病，如师子出独步，如众野雁飞行虚空中前有导，如冬月高山上积雪，四面皆见，如天地大界金刚山却臭秽，如下水持地，如风持水，诸秽浊悉清净，如虚空等，如须弥山上忉利天为庄严。诸佛如是，佛持戒、佛威神、佛功德，无央数国土悉极明。是菩萨见十方佛如是，闻经悉受得。"

佛尔时颂偈言：

佛无垢秽离尘劳[10]，功德众竟无所着。
尊大神通妙音声，法鼓导义喻诸音。
觉天中天脱诸慧，种种香华以供养。
以无数德奉舍利[11]，幡盖杂香求三昧。
闻法普妙学具足，远离颠倒喻灭度。
终不想着于空法，当志解妙无碍慧。
清净如月日出光，譬如梵天立本宫，
常清净心念世尊，意无所着不相空。
譬如冬月高山雪，若如国王人中尊。
摩尼清净超众宝，观佛相好当如是。
如雁王飞前有导，虚空清净无秽乱。
紫磨金色佛如是，佛子念此供养尊。

去诸幽冥除暗愚，即悉速逮净三昧。

捐舍一切诸想求，无垢秽行得定意。

无有尘劳释垢秽，弃去嗔恚无愚痴。

其目清净自然明，念佛功德无罣碍。

思佛世尊清净戒，心无所着不相求。

不见吾我及所有，亦不起在诸色相。

舍离生死无众见，弃舍贡高慧清净。

远除憍慢不自大，闻寂三昧离邪见。

其有比丘佛子孙，信比丘尼清信士。

除去贪欲清信女，念精进学得是法。

注释

①**乞匃**：乞丐。

②“为”字上，疑脱“佛”字。

③**安谛**：安立谛，对真如之本质用各种有差别之名词概念进行解说，称为安立谛。

④**学人**：一、指尚须学习之人；二、泛称学习佛法的人。

⑤**五道**：五趣，为有情往来之所，包括地狱道、饿鬼道、畜生道、人道、天道。

⑥**慈悲喜舍四等心**：慈悲喜舍四无量心叫四等。四

等心，是菩萨为普度众生所需要的四种精神，即使众生得乐（慈）、离苦（悲）、以此为乐（喜）、无怨亲分别（舍）的精神。平等是诸法体性，以诸法平等，故发心等，发心等故道等，道等故大慈悲等。

⑦**吾我**：我所，指为我的观念。我与我所的分别是世俗一切分别中最基本的分别，故应破除。

⑧**提和竭罗佛**：燃灯佛，又名提和谒、提湖竭。释迦如来因行中第二阿僧祇劫时逢此佛出世，买五茎之莲以供养佛；用长头发铺在地上，让佛踩踏着走过，以做未来成佛的资粮。燃灯佛时，一切身边如灯，故名燃灯太子，又作然灯太子。

⑨**定光佛**：亦名燃灯佛、锭光佛。有足名锭，无足名灯。锭光佛时，释迦菩萨名儒童，见王家女曰瞿夷者，持七枝青莲华，以五百金钱买五茎莲，合彼女所寄托二枝为七茎莲奉佛，又见地泥泞，解皮毛覆地，不足，乃解头发布地，使佛蹈之而过，佛因受记曰："是后九十劫，名贤劫，汝当作佛，号释迦文如来。"

⑩**尘劳**：烦恼的异名。因为烦恼能污染人的真性，使人心烦疲劳，故称尘劳。

⑪**舍利**：为佛之身骨火化后凝结的固态物。骨舍利白色，发舍利黑色，肉舍利赤色，系生前修戒定慧而得，无量功德所成。

译文

1 庄严王舍城供养佛

贤护菩萨整理一下衣服，长跪向佛作礼，叉着手对佛说：“我想请佛和各位出家大德，明日到舍下饮食，愿我佛哀悯，同意我的请求。”佛及出家僧人都默默答应受请。贤护菩萨知道佛已受请，站起来到波喻提大比丘尼的住所，告诉她说：“请接受我的请求，明天请您和尼众都到我家接受供养。”波喻提大比丘尼等即接受邀请。贤护菩萨对罗怜那竭菩萨说：“贤弟，待会到佛所请所有从王舍城等城邑新来听法的人，明天都到我家接受供养。”罗怜那竭菩萨到了佛的住所，向佛施礼，长跪叉手对佛说：“我听说贤护菩萨请佛及所有新来听法的人明天到他的住所接受供养，请佛哀悯，满足他的请求。”贤护菩萨、罗怜那竭菩萨等八位，都向佛作礼，向出家僧众作礼，然后离开佛的住所，回到王舍城，到贤护菩萨家，共同帮助操办供养事宜。四天王、帝释天、大梵天都一起来，帮助贤护菩萨一起准备饭食。

这时，贤护菩萨亲属善友等都一起装饰王舍城，拿出无数美妙的幡盖帐篷，在全国进行布置，大街小巷都加以布置，一国中都布满香花和烧各种香，做百种饭食供养佛。为四众弟子及许多贫苦的穷人、乞丐，都一起准备了同样的饭菜。为什么呢？一切飞禽走兽蠕动之类都是平等的，不能有所憎爱，有所偏颇。

贤护与八菩萨及诸亲友，到用饭时都一起来到佛的面前，向佛顶礼，对佛说："饭菜都准备好了，请佛前往。"当时，佛和各位僧人都身着僧衣，拿着钵盂，来到聚会的地方，进入王舍城贤护菩萨的住所。贤护菩萨这样想：今天佛显威神，由于这个缘故，我的房舍极广大，都装上琉璃，内外透明。城外的一切地方都看得见我家，我家也能看见城外的一切地方。佛马上知道贤护心里在想什么，便现出威力和神通，使贤护家房屋极高大，全国人民都能看见此房舍。佛走在前面，到贤护家坐，四众弟子、各地方来的信徒都坐在他家房舍内。贤护菩萨见佛、僧人等坐定，即一起供养他们，送上数百种饭食并亲手斟酌。佛及四众弟子饭食毕，一切贫穷之人都同等供养，使每个人都公平地得到满足，皆凭着佛的威力神力得到满足。

贤护菩萨见佛及诸弟子都用完饭，前往洗涤毕，然后拿了一个小几，在佛面前听经。佛为贤护菩萨及四众弟子说经，大家莫不欢喜，没有不想听的，也没有不乐意的。佛已经给僧人、诸弟子讲经完毕，然后站起来，与僧人一起离去。

2 菩萨从五方面修定

贤护菩萨饭后，与亲友一起都到王舍城佛的住所，向佛顶礼，在旁边就座。八位菩萨见大家都坐下来了，就走到佛面前问佛：“菩萨应当做哪些事，才能修好一切佛都站立面前的念佛定法门？”

佛告诉贤护：“菩萨做好五方面的事，就能很快修得念佛法门，并且学习、奉持，心不退转。哪五方面的事呢？第一，乐于奉持经典，无有穷尽时，使众人的灾难都脱离，尘垢都除去，除去黑暗，进入光明世界，所有朦胧的东西都如烟雾消去。”佛告诉贤护：“这样的话，这位菩萨就会得到无比的法乐，修得此法门。再次，贤护，不再以生为快乐，这是第二。不再对外道感兴趣，这是第三。不再以爱欲为快乐，这是第四。自守戒行，自始至终，这是第五。

3 财法布施修此定

“菩萨还有五件事要做。哪五件呢？第一，布施给别人的心终不后悔，不贪心，不吝惜，布施时不希望回报，布施后不反悔、悔恨。第二，贤护，菩萨要用法布施，给他人讲经，所说的都能根据不同的根机令人信服，没有怀疑，没有什么保留顾惜，宣说佛的深意，自身努力信守奉行。第三，贤护，菩萨不应嫉妒，所办的事不使人产生怀疑，不贪睡眠，离开世俗的五种欲望，不自夸，也不中伤别人。对打骂、刑罚的人也不发怒、怨恨，也不因此松懈自己的努力。为什么？这是坚信诸法皆空的结果。第四，贤护，菩萨对于此法门，不但自己要学，还要教他人学；抄写此经，要用上等布料，使之久存人间。第五，贤护，菩萨常重信心，对所信仰的乐于奉行，尊敬长老及善知识，得到新来学人的布施，当想到报恩，常常讲信用，受到人家小的布施，常想多多报答别人，何况于受到多的布施呢？菩萨应当常常尊重经法，抛弃不反复诵念的懈怠之意，常常反复念诵。这样就能很快修得此念佛定法门。”佛这时念了以下偈语：

常爱乐佛法在深刻理解，于诸习欲不贪生。
于一切生死无贪着，如此方能修得念佛定。
好乐施不求报答，使人受惠不贪着不追念。
施与不论是谁受益，只想明了深得佛恩惠。
哀悯众生行布施，心常喜悦毫无悔恨。
常立布施持戒及忍让，精进一心智慧事。
具足六度摄一切，慈悲喜舍四平等心。

善于针对不同众生方便济度，如是当得念佛定。
施舍必除贪与吝，心常欢跃乐于助他人。
既施之后常欢喜，如是当得念佛定。
讲授经法要针对不同机缘，深明大义佛所教导。
讲说微妙道德感化，如是乃得念佛定。
其人学是此三昧，具足智慧为人解说。
令此经法永远得保存，如是乃得念佛定。
讲经不要神化，讲说当不贪供养。
唯求安隐达到佛道见地，如是乃得念佛定。
除去执着与烦恼，不自高傲及轻慢。
不自称誉说人长短，终不执着我所有的思想。
能灭我相得寂定，便能解此禅定获智慧。
捐弃阿谀谄媚心清净，速入定门无艰难。
常行至诚不妄加掩饰，其愿具足无缺少。
培植正德无邪行，爱乐此法速得此定门。
所诵习的经典常不忘，常护禁戒行清净。
如此行者速得佛道，何况奉持此法门！

4 向燃灯佛请教的经历

佛告诉贤护菩萨："在非常久远以前的燃灯佛时，我在燃灯佛处听说此法门，即奉行此法门，见到十方无数佛，都听他们讲经，信守奉行。这时，诸佛都对我说，此后无限久远时间，你应当成佛，名释迦文。”

佛告贤护菩萨：“因此，我对你说：今要想成佛，应当修学此法门。要知道，此法门境界甚高，不是凡夫所见境界能比得上的。能修学奉持此念佛定法门，一定得成佛。”佛随即说了偈语：

忆过去无数世前定光佛，于时我得此法门。
即见十方无数佛，闻说神圣佛法深妙义。
譬如有德人广采宝，所想如愿皆得之。
菩萨大士也如此，经中求宝即得成佛。

贤护菩萨对佛说：“世尊，当如何守持此法门？”

佛告诉贤护菩萨说：“见到色等一切有质碍的东西都不要执着，不应当听到它的声音就去追逐它，当视一切皆空，守此念佛定门。什么是应当守的定门？就是要随佛法而努力奉行。再次，贤护，菩萨当观自身，并不见自身，既没有什么可观的，也没有什么可看的，也没有什么可以执着的。不是像盲人那样视而不见，也不是像聋子那样充耳不闻，而是本来如此，就像经中说的，即使你再专注地去看，也无所见，无所执着。能无所执着，就是信守佛道的人。对于经法坚信不疑，不疑就能见佛，见佛就断除疑惑。一切诸法都无所从来而生。为什么？

菩萨对于诸法有怀疑的想法就是执着。什么是执着？有对于人的寿命、福德、福报的想法，就是执着；对于人相互对立有想法，对六根有欲望，也是执着。为什么？菩萨应当见一切法都不执着，一切法本来没有什么可想念的，也是本无所见的。什么叫不见？譬如蠢人学了外道以后，以为自己有此身，看重得不得了。菩萨不这样看。菩萨应如何看呢？

“譬如如来、应供、正遍知，不退转菩萨，辟支佛，阿罗汉的看法，就是不喜不忧，菩萨也应这么看，也不喜也不忧。守持此法门，也不喜不忧。好比虚空，既无有质碍的东西，也没有什么可想念系挂，非常清净，没有污秽的东西。菩萨见诸法是这样，眼里没有什么东西障碍，所以能见到一切佛。见到一切佛，犹如月亮、明珠放在琉璃上，像太阳出来大地遍放光明一样，又好像月亮十五日在众星中央映照那样，似转轮胜王与围绕他的群臣一样，似忉利天王、帝释天在诸天的中央，又似大梵天王在众梵天中央坐于最高座，如火炬在山顶燃烧，如大医王用药治众人病，又如狮子在百兽中称雄，如群雁列队飞行虚空而在前面有领路开导，如严冬时高山上的积雪，四面八方都看得见，像天地大界金刚山除去臭秽的东西，如奔流的水冲刷地面，如风吹水面，一切污浊的东西都变得清净，像虚空一样，像须弥山上忉利天一样庄严。诸佛都是这样，佛持戒，佛显威神，佛作功德，无数国土都放光明。这样菩萨见十方佛如此，听闻经典都能得佛。”佛这时念了偈语：

佛无污垢离烦恼，功德无量毫不执着。
至尊至大神通妙音声，如钟鼓铿锵传四方。
觉天中天脱诸慧，种种香华用来供养佛。
以无数德行供养舍利，幡盖杂香求此法。
闻法深妙学具足，远离颠倒比喻灭烦恼度众生。
万法皆空不执着，汝当随顺妙法智慧无碍。
清净如月日放光，如大梵天立本宫。
常以清净心念世尊，意无所执着悟本性空。
比如冬月高山雪，又如国王人中尊。
摩尼珠清净胜过众宝，观佛相好当如此。
如群雁高飞前有向导，虚空清净无污垢和杂乱。
紫磨金色佛相如此尊严，佛子念此供养佛世尊。
除去黑暗与愚痴，清净法门速修得。
舍弃对身外物的贪求，无垢污行才能得禅定。
无有烦恼与污垢，弃除怨恨与愚痴。
其目清净自然明，念佛功德无障碍。
奉持世尊清净戒，心无执着一切无所求。
如能对我及我所有不执着，亦终不执着诸色相，

舍离生死无妄见，弃舍高傲智慧清净，
远除傲慢与自大，即能闻此法门离邪见。
其有比丘比丘尼，清信士清信女，
除去贪欲与烦恼，精进奉持当得此定门。

无想品第十一
——修持此定的十事

原典

佛告跋陀和菩萨："若有菩萨欲学是三昧，疾得是，当先断色思想[①]，当弃自贡高；已断思想，已不自贡高，已却当学是三昧，不当诤。何当为诤？诽谤于空。是故不当共诤[②]，不当诽谤空，却诵是三昧。"

佛告跋陀和："若有菩萨学诵是三昧者，有十事于其中立。何等为十？一者其有他人，若馈遗钵震越衣服者不嫉妒；二者悉当爱敬人，孝顺于长老；三者当有反复念报恩；四者不妄语，远离非法；五者常行乞食不受请；六者当精进经行；七者昼夜不得卧出；八者常欲布施天上天下，无所惜，终不悔；九者深入慧中无所着；十者先当敬事善师视如佛，乃当却诵是三昧。是为十事。"

"当如法作是行者，便得八事。何等为八事？一者于戒清净至究竟；二者不与余道从事，出入智慧中；三者于智慧中清净，无所复贪生；四者眼清净，不复欲生死；五者高明无所着；六者清净于精进自致得佛；七者若有人供养者不用故喜；八者正在阿耨多罗三藐三菩提不复动。是为八事。”佛尔时颂偈言：

有黠慧者不起想，弃捐贡高及自大。
常行忍辱无粗漏，尔乃为学是三昧。
智者心明不诤空，无想寂定是灭度[③]。
不诽谤法莫诤佛，如是行者得三昧。
明者于是无憍慢，常念佛恩及法师。
坚住净信志不动，尔时为学是三昧。
心不怀嫉远窈冥，不起狐疑常有信。
当行精进不懈怠，如是行者得三昧。
比丘学是常分卫，不行就请及聚会。
心无所着不蓄积，如是行者得三昧。
设使手得斯法教，及持奉行此经卷。
已具足意得如佛，然后学诵是三昧。
住是至德行诚信，设有学诵三昧者。
速逮疾得是八法，清净无垢诸佛教。
其清净戒有究竟，三昧无瑕得等见。
以为空净于生死，住于是法得具足。

智慧清净无有余，无秽行者亦不着。

博闻采智舍唐捐，得行如是为黠慧。

志精进者无所失，于供养利而不贪。

疾得无上成佛道，学如是德为明智。

注释

①**断色思想**：断绝对于有质碍之物的思惟、想象、执着。思，指心造作身、口、意三业之作用；想，指想象事物之作用。

②**共诤**：于自己而生是非叫诤；固执己见而与人争论，叫互诤、共诤。

③**灭度**：指命终证果，灭障度苦。

译文

1 从十方面修持此定

佛告诉贤护菩萨："如有菩萨想修学此法门，速得此念佛定，当先断除对于一切色相的想象、贪着，抛弃自高自大。能断除对色相的想法、执着，不骄傲自大，然后才能修学此法门，不应当纠缠是非争端。什么叫是非纷争？毁谤空理。所以不应当与人争论，不应当毁谤空理，而应诵此念佛定。”

佛告诉贤护：“若有菩萨学诵此法门，当从十方面着手。哪十方面呢？一、对于布施衣、钵的人不嫉妒；二、对长者老人应当爱敬、孝顺；三、知恩不忘，心常念报；四、不胡言乱语，远离不合佛法的东西；五、常常以乞食为生，不受宴请；六、精进不懈，诵经而行；七、日夜不贪睡眠；八、对佛和天下人，常常想到布施他们，不吝惜，不后悔；九、深入智慧宝藏而无所贪着；十、先敬事善知识，把老师看作佛一样，这样才能诵持此法门。

2 修此定得八事

“如法修行，可获得八事。哪八方面？第一，持戒清净，圆满彻底；第二，不与外道相应，出入智慧之中；第三，于智慧中清净，不再贪生；第四，眼清净，不再在生死中轮回；第五，高明而不贪着；第六，精进清净，于一切时求佛菩提；第七，如果得到人家的供养，不故意装作欢喜；第八，得无上正等正觉时，不退失、不动摇。这就是所获得的八事。”佛此时说偈语道：

有智慧者不生妄想，弃除自高与自大。

常行忍辱无粗浅之见及烦恼，当能速入此法门。

智者观空无相争，涅槃寂静灭障救苦难。

信佛法不毁谤，如此奉持入定门。

智者不骄傲与怠慢，念佛敬僧知报恩。

坚持净信不动摇，此时得学佛立定。

心不嫉妒远离幽暗，不起狐疑常有信。

当行精进不懈怠，如此方得念佛定。

比丘学此常乞食，不赴宴请及聚会。

心无所执着不蓄积，行此当入念佛定。

假使亲手得此法教，及持奉行此经卷，

已具足学佛的条件，然后诵持念佛定。

常修至德行为讲诚信，设有学诵此法门，

得此八法无污垢，就能得清净遵循诸佛教。

其清净戒有根本，修定无散乱视一切皆平等。

对于生死以为空净，住于此法一切具足。

智慧清净无有其他企求，无垢污行也不执着。

不求博闻与小智，得行此法无上智慧。

志精进者无所失，于供养利都不贪。

速得无上菩提道，如此修学为明智。

十八不共十种力品第十二
——修念佛定的十八功德十种慧力

原典

佛言："得是上八事者，便获佛十八事[①]。何等为十八事？一者用某日得佛，用某日般泥洹，从初得佛日，至般泥洹日佛无难；二者无短[②]；三者无忘；四者无不定时；五者终无生法想言我所；六者无有不能忍时；七者无有不乐时；八者无有不精进时；九者无有不念时；十者无有不三昧时；十一者无有不知时；十二者无有不脱见慧时；十三者过去无央数世事无有能止，佛无所罣碍所见慧时；十四者当来无央数世事无有能止，佛无所罣碍所见慧时；十五者今现在十方无央数世事无有能止，佛无所罣碍所见慧时；十六者身所行事智慧，是本常与智慧俱；十七者口所言事智慧，是本常与智慧俱；十八者心所念事智慧，是本常与智慧俱。是为佛十八事。"

佛告跋陀和："若有菩萨无所复着，求法悉护，学是三昧者，有十法护。何等为十法护[③]？佛十种力[④]。何等为十种力？一者有限、无限悉知；二者过去、当来、今现在本末悉知；三者弃脱定清净悉知；四者诸根精进种种各异所念悉知；五者种种所信悉知；六者若干种变无央数事悉知；七者悉晓悉了悉知；八者眼所视无所罣碍悉知；九者本末无极[5]悉知；十者过去、当来、今现在悉平等无所适着。"

佛告跋陀和："若有菩萨，无所从生法悉护，是菩萨得佛十种力。"佛尔时颂偈言：

十八不共正觉法，世尊之力现有十。

设使奉行是三昧，疾速逮此终不久。

注释

①佛十八事：又称十八不共法。指佛与二乘菩萨相区别的十八种功德法。《智度论》载：一、身无失；二、口无失；三、念无失；四、无异想；五、无不定心；六、无不知已舍；七、欲无减；八、精进无减；九、念无减；十、慧无减；十一、解脱无减；十二、解脱知见无减；十三、一切身业随智慧行；十四、一切口业随智慧行；十五、一切意业随智慧行；十六、智慧知过去世无碍；十七、智慧知未来世无碍；十八、智慧知现在世无碍。大体上与本经提法相同，但先后次序、少数提法略有不同。

②**无短**：指不论他人长短，口业清净。

③**十法护**：十种力。见注④。

④**十种力**：力指力用。《智度论》卷二十五载如来佛十种力用是：一、知觉处、非觉处智力；二、知三世业报智力；三、知诸禅解脱三昧智力；四、知诸根胜劣智力；五、知种种解智力；六、知种种界智力；七、知一切至所道智力；八、知天眼无碍智力；九、知宿命无漏智力；十、知永断习气智力。与本经大体相同。

⑤**本末无极**：指对于三世轮回的根本原因都能洞达，彻底了解。

译文

1 修念佛定的十八种殊胜功德

佛说："得到以上八事，便获得佛十八种功德。什么叫十八种功德？一、从得佛之日起，到涅槃之日止，佛都没有什么大难；二、没有什么短缺；三、没有什么遗忘；四、心没有不定的时候；五、对于所有一切始终不产生我所有的想法，更没有什么不能舍弃；六、没有什么时候不能忍受；七、没有什么时候不感到快乐；八、没有什么时候不精进；九、没有什么时候不念佛；十、没有什么时候不入定；十一、没有什么时候不知道；十二、解脱知见具足不灭；十三、智慧能见过去无数世事，没有止境，没有障碍；十四、智慧能见将来无数世事，没有止境，没有障碍；十五、智慧能见现在世十方无数世事，没有止境，没有障碍；十六、身所做的一切事业随智慧而行；十七、口所说的一切口业随智慧而行；十八、心所念的一切意业，随智慧而行。这就是佛的十八种功德。”

2 修此定获十种慧力

佛告诉贤护：“若有菩萨无所执着，一切要求都得到佛法保护。学这念佛定法门，有十种法保护。这十种法保护，就是佛的十种力。什么是佛的十种力？第一，有限、无限都能知道；第二，过去、未来、现在三世的本末都知道；第三，抛弃烦恼入于禅定，一切清净，都能知道；第四，对于诸根胜劣的种种差异、如何精进，都能知道；第五，有知道种种解的智力；第六，有知道无数事种种变化的智力；第七，有一切都通晓、明了的智力；第八，有眼所见无所障碍、无所不知的能力；第九，有知道前世以来一切事的始末的无限能力；第十，有知道三世平等、无所执着的能力。”

佛告诉贤护：“如果有菩萨修此法门，对于一切都无所从生之法都守护，这就是佛的十种非凡的智慧与能力，即佛十种力。”佛此时念了下面的偈语：

十八种功德无与伦比，世尊加持有十种智慧力。
如能奉持此法门，速得一切佛现在面前。

劝助品第十三
——三世佛、一切众生助修定

原典

佛告跋陀和："是菩萨持有四事[①]，于是三昧中助其欢喜。过去佛时持是三昧助欢喜。学是经者，自致阿耨多罗三耶三菩阿惟三佛，其智悉具足，我助欢喜如是。复次，跋陀和，当来诸佛求菩萨道者，于是三昧中助欢喜，学是三昧者，自致阿耨多罗三耶三菩阿惟三佛，其智悉具足，其皆助欢喜如是。复次，跋陀和，今现在十方无央数佛本求菩萨道时，于是三昧中者助欢喜，学是三昧者，自致得阿耨多罗三耶三菩阿惟三佛，其智悉具足，其皆助欢喜福，令其与十方人民及蜎飞蠕动之类，共得阿耨多罗三耶三菩阿惟三佛，持是三昧助欢喜功德，令其疾得是三昧，作阿耨多罗三耶三菩阿惟三佛得不久。”

佛告跋陀和：“是菩萨功德，于是三昧中四事助欢喜，我于是中说少所譬喻。譬如人寿百岁，堕地行至百岁无有休息时，其人行使过疾风，周匝四方上下。云何，跋陀和，宁有能计其道里者不？”跋陀和言：“无有能计其道里者。天中天，独佛弟子舍利弗罗②阿惟越致菩萨，乃能计之耳。”

佛告跋陀和：“我故语诸菩萨，若有善男子善女人取是四方上下诸国土，其人所行处满中珍宝，布施与佛，不如闻是三昧。若有菩萨闻是三昧，于是四事中助欢喜，其福出过布施佛者百倍千倍万倍亿倍。若见不？跋陀和，是菩萨助欢喜，其福宁多不？用是故当知之，是菩萨助欢喜，其福甚尊大。”佛尔时颂偈言：

于是经教中，持有四事劝。

过去及当来，现在诸世尊，劝助功德行，度脱诸十方。蜎飞之蠕动，悉逮平等觉。

譬如此周匝，四方及上下，人生行百岁，寿尽行不息。欲有计道里，其数难度量，

独佛弟子知，不退转菩萨。

满中珍宝施，不如闻是法。四事之劝助，其福出彼上。

跋陀且观是，四事之欢喜，布施亿万倍，不与劝化等。

注释

①**四事**：原指衣、食、卧具、汤药四方面供养一切佛。本经中指劝助过去、未来、今现在十方人民及众生，于修行般舟三昧中助其欢喜，其福德胜过以财物布施佛千万亿倍。

②**舍利弗罗**：即舍利弗。舍利弗为舍利女之子，故曰舍利、舍利弗。其母于众女中聪明第一，以世人贵重其母，故称呼为舍利子。为释迦佛十大弟子的首座，称智慧第一，先释尊入灭，未来将以华光佛的名号再来人间，利益众生。

译文

1 三世佛、一切众生助修此定

佛告诉贤护："这位菩萨奉持四种事，在此法门中助其欢喜。过去诸佛于往昔行菩萨道时，皆因修此法门助其欢喜。学习此经者，自得无上正等正觉，智慧具足，所以我这样助其欢喜。其次，贤护，在将来一切诸佛行菩萨道时，于此法门中助其欢喜，学此三昧自当成就无上正等正觉，其智慧具足，皆如此劝助其欢喜。再次，贤护，现在十方无量数佛行菩萨道时，于此法门中助其欢喜，学习这一法门，自当成就无上正等正觉，其智慧具足，并帮助别人欢喜，得到福报，使他和十方一切众生都获无上正等正觉，持此法门，依持这一法门的助欢喜功德，很快进入念佛定，不久当成就无上正等正觉。”

2 修念佛定的功德胜珍宝

佛告诉贤护："这位菩萨的功德，就是在念佛定中修持四事，助其欢喜。对此，我稍微打一些比方。比如人寿命百岁，从呱呱坠地至百年，无有一刻的休息，步行快步如风，围绕四方上下。贤护，他所走的道路能够计算吗？”贤护说："世尊，其行程无法计算。只有佛弟子舍利弗被称为智慧第一，他才算得清楚。”

佛告诉贤护："我对各位菩萨说，如有善男子善女人拿四方上下的一切国土中，人们所走过的地方满布无数珍宝布施给佛，都比不上修持此法门的功德。菩萨修此法门，于此四事中助欢喜，其福德超过布施无数珍宝给佛不知有多少百千万亿倍。你知道吗？贤护，这位菩萨助欢喜，他的福德大不大？应当知道，这位菩萨助欢喜的功德非常大。”佛这时说偈语道：

在此经教中，劝你奉持四件事。

过去、将来、现在一切佛，

劝助他行功德，普度诸众生。

从人类乃至飞舞蠕动的小虫，都平等获得觉悟。

譬如周围这个世界，四方及上下，人生有百岁，寿尽行不止。

想要计里程，数目无法计，

除非舍利弗，不退转菩萨。

所走过的地方填满珍宝布施出去功德自然大，但不如听此法。

劝行上四事，功德胜布施。

贤护应当知道，修持四事得欢喜。

布施亿万倍，难与劝化人修此定的功德比！

师子意佛品第十四
——转轮胜王修此法门成佛

原典

佛尔时告跋陀和：“乃去久远世时，其劫阿僧祇[1]，不可计、不可数、不可量、不可极阿僧祇，乃尔时有佛，名私诃摩提[②]怛萨阿竭阿罗诃三耶三佛，其威神无有与等者，安隐于世间，于经中之尊，天上天下号曰天中天。于是国土空闲之处，是阎浮利国土丰熟，人民炽盛乐。是时阎浮利内，广纵十八万拘利那术逾旬[③]。是时阎浮利内，凡有六百四十万国。尔时，阎浮利有大国名跋登加[④]，其国中有六十亿人。私诃摩提佛在是国中，有遮迦越王名惟斯芩王，往到私诃摩提佛所，为佛作礼，却坐一面。时私诃摩提佛即知其王心所念，便为说是三昧。其王闻是三昧助欢喜，实时珍宝散佛上，其心即念，持是功德令十方人民皆安隐。时私诃摩提佛般泥洹后，惟斯芩遮迦越王，其寿终已后，还生王家作太子，名梵摩达。尔时，阎浮提有比丘高明名珍宝，是时为四部弟子比丘、比丘尼、优婆塞、优婆夷，说是三昧，梵摩达太子闻是三昧助欢喜心，踊跃乐喜闻是经，持珍宝直百亿，散是比丘上，复持好衣供养之，以发意求佛道，时与千人俱，于是比丘所剃头须作沙门，即于是比丘所从索学是三昧，与千比丘共，承事师八千岁不休懈，前后一反得闻是三昧。是比丘辈闻是三昧四事，助欢喜入高明之智，持是助欢喜功德，却后更见六万八千佛，辄于一一佛所闻是三昧，自守学复教他人学。其人持是助欢喜功德，其后得作佛，名坑罗惟是逮[⑤]怛萨阿竭阿罗诃三耶三佛。时是千比丘从得阿耨多罗三耶三菩阿惟三佛，皆名坑罗首罗郁沉[6]怛萨阿竭阿罗诃三耶三佛，教不可计人民皆求佛道。”

佛告跋陀和：“何人闻是三昧不助欢喜者？何人不学者？何人不为他人说者？何人不守者？”

佛告跋陀和：“若有菩萨守是三昧者，疾速得佛。跋陀和，若有菩萨在四十里外，闻有持是三昧者，菩萨闻之便当行求往到其所，但得闻知有是三昧常当求之，何况乃得闻学者！若去百里者，若远四千里，闻有持是三昧者，当行学到其所，但得闻知，何况乃得闻学者！”

佛言：“去人远者常当自行求，何况去人十里、二十里，闻有持是三昧者，不行求学。跋陀和，若有菩萨，闻是三昧欲行至彼，闻求是三昧者，当承事其师十岁、百岁，悉具足供养占视，是菩萨不得自用，当随其师教，常当念师恩。”

佛言：“我故相为说之。若菩萨闻有是三昧处去四千里，欲往到其所，设不得闻是三昧者。”

佛言：“我告若曹，其人用精进行求故，终不复失佛道，会自致作佛见不？跋陀和，菩萨闻是三昧，念欲求不离，其得利甚尊。”佛尔时颂偈言：

我念过去有如来，人中尊号私诃末。

尔时有王典主人，至于彼佛闻三昧。
至意黠慧听此经，心悦无量奉持法。
即以珍宝散其上，供师子意人中尊。
心念如是而叹言，我身于此当来世。
奉行佛教不敢缺，亦当逮得是三昧。
用是福愿寿终后，辄复来还生王家。
尔时见尊大比丘，号曰珍宝智博达。
应时从闻是三昧，踊跃欢喜即受持[7]。
供以好物若千亿，珍宝妙衣用道故。
即与千人除须发，来志乐求是三昧。
同时具足八千岁，常随比丘不舍离。
一反得闻不复二，是三昧者譬如海。
执除经卷讽诵说，其所生处闻三昧。
用积累是功德故，当见诸佛大神通。
其所具足八万岁，所见诸佛辄供养。
曾值诸佛六万亿，加复供养六千尊。
闻所说法大欢喜，然后得见师子佛。
蒙此功德生王家，见佛号曰坚精进。
化无数亿诸人民，度脱一切生死恼。
讽诵学是法以后，便复见佛为坚勇。
天上世间诵其称，闻三昧声得作佛。
何况受持诵说者，于众世界无所着。

广宜分流是三昧，未曾疑忘于佛道。

此三昧经真佛语，设闻远方有是经，

用道法故往听受，一心讽诵不忘舍。

假使往求不得闻，其功德福不可尽，

无能称量其德义，何况闻已即受持！

设有欲求是三昧，当念往时彼梵达。

教习奉行莫退转，比丘得经当如是。

注释

①**阿僧祇**：无数、无央数。

②**私诃摩提**：转轮王维斯芩所奉事之佛，名师子意。

③**拘利那术逾旬**：拘利，即百万。那术，又作那述，那由他、那庾多，即一亿。逾旬，又作由旬、逾善那，为帝王一日行军之里程，约四十里至六十里。

④**跋登加**：贤作国。参《贤护》。

⑤**坑罗惟是逮**：坚固精进。参《贤护》。

⑥**坑罗首罗郁沉**：坚勇。参《贤护》。

⑦**受持**：指以坚持之力在心中领受，常忆不忘。

译文

1 转轮胜王之师师子意

佛这时告诉贤护："在过去无限久远不可计数劫的时候，那时有佛名师子意、如来、应供、正遍知，他的威神无与伦比，安住于世间，经中尊称他为天上天下最尊贵，名天中之天。他在此国土的空寂清净之处，这个南赡部洲国土粮食丰收，人民无比欢乐。这时，南赡部洲内，高广十八万亿里，有六百四十万国家。那时候，有一个大国名叫贤作，全国人口六十亿人。师子意佛在此国中，有转轮胜王名胜游，到师子意佛的住所，向佛作礼，然后在旁边就座。这时师子意佛就知道国王心中所想，为他说此念佛定法门。国王听闻此念佛定，非常欢喜，实时用珍宝散于佛上，他心中就想，用这种功德使十方人民都安隐。师子意佛涅槃后，转轮王寿终，还生王家作太子，名梵德。这时，赡部洲有一位高明的比丘，名珍宝，此时为四众弟子讲述此经。梵德太子听此法门，心生欢喜，踊跃快乐，喜闻此经，拿价值百亿的珍宝，散在比丘的头上，并且拿好衣供养他，与几千人一起，发心学道，在这个比丘那里剃发出家，跟随他修学此法门，与成千的出家人一起修学，侍奉师父八千年而不松懈。前后一去一回，一直在听此法门。这些出家人听闻此法门，修持上述四事，都十分欢喜，得高明的智慧，并以此功德，后来更见到六万八千佛，在各佛那里一一听闻此经。自己学，还教别人学。其人持此助欢喜功德，后来更成佛，名坚固精进如来、应供、等正觉。当时成千的出家人由此而能成就无上正等正觉佛。这时，成千的比丘跟随他得无上正等正觉，都名坚勇如来、应供、等正觉，教导无数人民都求佛道。"

2 精进修学终不失

佛告诉贤护："什么样的人听此法门不感到欢喜？什么人不学习这个法门？什么人不为其他人讲此经？什么人不守护此法门？"

佛告诉贤护："如果有菩萨守此法门，速得成佛。贤护，如果有菩萨在四十里外，听有持此法门者，应当到那里去，求得此法门，何况从他那里受学此经呢！如果离此百多里，或有四千里，听说有此经，应到那里听讲此法门，何况从那里受学此法门呢！"

佛说："距离那么远的地方都应当去那里求法，何况近在一二十里，听说有此法门，能不去求学吗？贤护，如果有菩萨说有此法门，想到那里求此法门，应当侍奉其师十年、百年，并供养具足、瞻视，这样的菩萨不应当自己任意行事，应当随师教诲，常常应当念想师父的恩德。”

佛说：“我再为你们说。如果菩萨在四千里外有此法门，想到那里，如果不能听闻此经，那么，我告诉你们，此人应当用精进不懈的行动来求法，不应当退失，难道会达不到成佛见佛的目的吗？贤护，菩萨听此法门，更想不离佛，当然也就得到甚大的利益了。”佛这时念偈语道：

我念过去如来佛，人中尊号称师子意。
这时有国王名胜游，到师子佛前学此定，
至意智慧听此经，心悦无量奉持此法门。
即以珍宝散其上，恭敬供奉师子意佛。
心中如此赞叹说，我身将于当来世，
奉行佛教不缺乏诚意，也当得此念佛定。
用此福愿寿终后，再世还生王侯家。
那时即见大和尚，名叫珍宝智博达。
应时听闻此法门，踊跃欢喜即修此定。
供养好物几千亿，珍宝妙衣都是为弘法。
即为千人剃须发，立志乐奉此法门。
同时具足八千岁，常跟随和尚不相离。

一闻当下即觉悟，此法门智慧深如海。
执除经卷讽诵宣讲，其所生处都闻此定门。
只因积累无量功德，当见诸佛显大神通。
其所具足八万岁，见一切佛都供养。
曾遇诸佛六万亿，又更供养六千尊。
听讲经法大欢喜，然后得见师子意佛。
凭此功德转生王家，见佛名叫坚精进。
度化无数亿人民，解脱一切生死烦恼。
讽诵受学此法后，便再见佛名坚勇。
天上世间诵其称号，闻此经法得成佛。
何况受持诵说者，于众世界不执着。
广泛传扬此定法，未曾疑忘于佛道。
此念佛定真佛语，如闻远方有此经，
为求道应往听闻受教，一心讽诵不忘弃。
假使往求不得闻，其功德福已不可尽，
无法称量其德义，何况听后即受持，
如有求此念佛定，当念往时彼梵达。
教习奉行切莫退转，比丘得经应当如此。

至诚佛品第十五
——诚心修定莫错过因缘

原典

佛言："乃往昔时，复有佛，名萨遮那摩怛萨阿竭阿罗诃三耶三佛。时有比丘名和轮，其佛般泥湖后，是比丘持是三昧。我尔时作国王刹利种[①]，于梦中闻是三昧，觉已便行求持是三昧比丘，即从作沙门，欲得于是比丘所，一反闻[②]是三昧，承事师三万六千岁。魔事[③]数数起，不得一反闻。"

佛告比丘、比丘尼、优婆塞、优婆夷："我故语若曹，若曹当疾取是三昧，无得忘失，善承事其师，持是三昧，至一劫、若百劫、若千劫，莫得有懈惓。趣当得是三昧，守善师不离，若饮食资用衣被床卧、千万珍宝以用上师，供养于师无所爱惜。设无有者，当行乞食给师，趣当得是三昧莫厌。"佛言："置是所供养者，此不足言耳。常当自割其肌，供养于善师，常不爱惜身，何况其余？当承事善师，如奴事大夫，求是三昧者当如是。得是三昧已当坚持，常当念师恩。"

佛言："是三昧难得值，正使求是三昧至百亿劫，但欲得闻其名声，不能得闻，何况得学者？转复行教人，正使如恒边沙佛刹，满其中珍宝持用布施，其福宁多不？不如书是三昧持经卷者，其福极不可计。”佛尔时颂偈曰：

我自识念往世时，其数具足六万岁。
常随法师不舍离，初不得闻是三昧。
有佛号曰其至诚，时知比丘名和轮。
彼佛世尊泥曰后，比丘常持是三昧。
我时为王君子种，梦中逮闻是三昧。
和轮比丘有斯经，王当从受此定意。
从梦觉已即往求，辄见比丘持三昧。
即除须发作沙门，学八千岁一时闻。
其数具足八万岁，供养奉事此比丘。
时魔因缘数兴起，初未曾得一反闻。
是故比丘比丘尼，及清信士清信女。
持是经法嘱汝等，闻是三昧疾受行。
常敬习持是法师，具足一劫无得懈。
勿难千亿用道故，当得闻是法三昧。
衣服床卧若千亿，比丘家家行乞食。
以用供养于法师，精进如是得三昧。
灯火饮食所当得，金银珍宝供养具。
尚当自割其肌肉，以用供养况饮食？

明者得法疾持行，受学经卷有反复。
是三昧者难得值，亿那术劫常当求。
所周旋处闻是法，常普宣视诸学者。
假使亿千那术劫，求是三昧难得闻。
诸令世界如恒沙，满中珍宝用布施。
若有受是一偈说，敬诵功德过于彼。

注释

①**刹利种**：又名刹帝利，印度四种姓之第二种，主要指王族及武士阶层。

②**一反闻**：当即一听闻。此句“初未曾得一反闻”，《贤护》译作“终究未果一听闻”；上章“前后一反得闻是三昧”，可解作“前后仅来回一次听此念佛定”，可参考。

③**魔事**：指恶魔所做障碍佛道诸事。

译文

1 佛求此三昧的亲身经历

佛说：“久远以前，有一佛，名萨遮那摩如来、应供、正遍知。当时有一比丘名和轮，佛涅槃后，这个比丘奉持此法门。我那时做国王刹帝利种，在梦中听闻此法门，醒后付之行动，求奉此念佛定法门，跟随和轮比丘出家为僧，想在出家的地方再次听闻此经法，承事师三万六千年。魔障之事频频而起，竟然不得而闻。”

佛告诉四众弟子：“我告诉你们，你们想尽快得此法门，不得忘失，善承事师，持此法门，至一劫、百劫、千劫也不松懈、厌倦。想得此法门，当不离善知识，以食物、日用品、衣被、床铺、种种珍宝供养师，无所顾惜。如果没有这些，得行乞以供养师，求获法门而不厌倦。”

佛说：“所供养的这些东西，都微不足道。常当割自己的肌肉，来供养善师，常常不爱惜自己的身命，何况其余呢？应当侍奉善知识，好比奴仆侍奉士大夫一样。求此法门的人应当如此。得持此法门，当坚持不懈，常常应当报答师父的恩德。”

2 诚心修持莫错过因缘

佛说：“此法门难逢，求此法门有至百亿劫那么久，却但听闻其名字，连声音都听不到的，更何况得修学呢？学以后再去教别人，正如有恒河沙那么多的佛国，其中堆满珍宝，用来布施，其福德能不多吗？但还是比不上书写修此法所持的这部经卷，其福德更是无法计算的。”

佛这时念偈语：

我自识念往世时，其数足有六万年。
常随法师不离开，初未能闻此法门。
有佛法号名至诚，比丘名字叫和轮。
至诚世尊涅槃后，和轮比丘常修此法门。
我当时为王尊贵种，梦中听说有此法门。
和轮比丘有此经，王应当随他学此定。
梦醒后即行往求法，果然见比丘持此经。
即剃须发出家去，八千年的学问一时都听闻。
时光飞逝足足八万年，供养奉事此比丘。
当时魔事频频发生，初未曾得一听闻。
因此比丘与比丘尼，清信士及清信女。
持此经法付嘱你们，听闻此法速奉行。
常敬法师修习奉持，就是一劫那么长也不要松懈。
历经千难勤修道，当得听闻此法门。
衣服床铺无数亿，比丘一家一家去乞食。
用来供养于法师，如此精进定得此法门。
灯火饮食一切必需物所当得，金银珠宝具足供养师。
尚当自割其肌肉，用来供养何况饮食？
明者得法速奉行，受学经卷有反复。

此法门实难相遇，亿劫久远常当求。

所经历处如闻此法，闻后广传诸学者。

假使历经亿千劫，求此法门难得闻。

世界多如恒沙数，满装珍宝用来布施。

如有受持敬诵此一偈，功德之大胜过恒河沙！

佛印品第十六
——以无所着佛印修此法门

原典

佛于是语跋陀和："若有菩萨闻是三昧，闻者当助欢喜当学，得学者持佛威神使得学，当好书是三昧着素上，当得佛印[①]印，当善供养。何等为佛印？所识不当行，无所贪，无所求，无所想，无所着，无所愿，无所向生，无所适，无所生，无所有，无所取，无所顾，无所往，无所碍，无所有，无所结，所有尽，所欲尽，无所从生，无所灭，无所坏，无所败，道要道本是印中。阿罗汉辟支佛不能坏，不能败，不能缺，愚痴者便疑是印，是印为佛印。"

佛言："今我说是三昧时，千八百亿诸天阿须轮、鬼神、龙、人民，皆得须陀湖道[②]，八百比丘皆得阿罗汉道，五百比丘尼皆得阿罗汉道，万菩萨皆逮得是三昧，皆逮得无所从生法乐。于中立，万二千菩萨不复还。”

佛语舍利弗罗摩、目犍连、比丘阿难、跋陀和菩萨、罗怜那竭菩萨、憍日兜菩萨、那罗达菩萨、须深菩萨、摩诃须萨和菩萨、因坻达菩萨、和伦调菩萨，佛言：“我从无央数劫求佛道以来，今以得做佛，持是经嘱累若曹，学诵持守无得忘失。若有跋陀和菩萨学是三昧者，当具足安谛学③，其欲闻者当具闻，为他人说者当具说。”

佛说经已，跋陀和菩萨等，舍利弗罗摩、目犍连、比丘阿难等，诸天、阿须轮、龙、鬼神、人民皆大欢喜，前为佛作礼而去。

注释

①**佛印**：指佛印证的诸法根本实相，即一切都无所着，即空。又指佛的印信。此处二义均有。

②**须陀湖道**：须陀湖，即预流，声闻乘四果之初果。指初入圣道，逆生死轮回之流，流向涅槃之道。

③**安谛学**：安谛，是指心灵平静下来，达到安然的境界。

译文

1 以无所着印受持此经

于是，佛告诉贤护：“如果有菩萨听闻此念佛定，听的人们应当为此感到欢喜，应当受学，能够学的人应凭佛的威神力使之学好，应当书写此经在素绢上，应当盖上佛的印信，应当善加供养。什么叫佛印？所认识的真理无所造作，没有贪欲，没有欲求，没有思惟，没有执着，没有索取，没有志愿，没有什么向往，没有停留，没有所生的东西，没有自己所有的东西，没有什么可取，没有什么顾惜，没有什么值得向往，没有什么阻碍，没有什么自己所有的东西，没有解不开的纽结，所有的纽结都解开了，所有的欲念都没有了，无所产生，无所消灭，没有什么变坏，无有衰败。佛道的要点根本都在此印之中。阿罗汉、辟支佛都不能损坏，不能破败，不能使之欠缺。愚痴的人对此印表示怀疑。这印确实是佛的印信。”

2 得此三昧不堕轮回

佛说：“我现在讲此念佛定法门时，一千八百亿阿修罗、鬼神、龙、天、人民，都得预流果，八百比丘都得阿罗汉道，五百比丘尼都得阿罗汉道，成万菩萨都得此念佛定法门，都得无比的快乐。一切佛都出现在面前，一万二千菩萨都不再退转。”

3 以此三昧嘱托八菩萨

佛告诉舍利弗、目犍连、阿难大比丘、贤护菩萨、罗怜那竭菩萨、憍日兜菩萨、那罗达菩萨、须深菩萨、摩诃须萨和菩萨、因坑达菩萨、和伦调菩萨，佛说：“我从久远无数劫求佛道以来，现在得以成佛，持此经嘱咐你们，学诵持守此法门不得忘失。贤护菩萨，如果有学此法门，应当安心修静受学，想听的都全部去听，为他人讲经应当毫无保留地去宣说。”

4 诸天、鬼神、人民皆大欢喜

佛说经后，贤护菩萨等，舍利弗、目犍连、阿难大比丘等，诸天、阿修罗、龙、鬼神、人民皆大欢喜，在佛面前顶礼，然后离开。

源流

本经为现存大乘经典中最早期问世的作品，也是有关弥陀的经典中的最早文献，是净土经典的最早先驱。尽管最早的东西，不见得最完美，例如刻在兽骨头上的甲骨文，歪歪斜斜，不见得好看，外行人甚至把它当废弃之物，不屑一顾，只有考古、历史、文字学家才会视之如无价之宝。我们正是抱着这种"识宝""惜宝"的心情，来追溯本经的源流，评论其价值的。

要追溯本经之源，当先了解从印度传来的有关西方净土思想及所依的经典。

西方净土及阿弥陀佛的信仰，在印度历来极为兴盛。现存藏经中，有关这方面的著作，据说多达二百多部。佛典上最早记载一心念佛，忆念不忘，以皈依无上正觉这一法门的，当见于阿含类经。《杂阿含经》卷三十三第十二经以“念佛”为“六念”（念佛、法、僧、施、戒、天）之一。《增一阿含经》卷二《广演品》以“念佛”为“十念”（上述六念，加上休息、安般、身、死）之一。这些经都是以此世界的教化佛为忆念对象的。而把忆念对象扩展到十方世界一切佛，重点是阿弥陀佛，则见于《般舟三昧经》。《般舟三昧经》教导信众系念他方世界现在一切佛，说西方世界须摩提国阿弥陀佛有种种相好威仪庄严，放大光明，现正在为众说法。如果持此佛名号，一心系念此佛，经过一日夜或七天七夜，就能入于禅定，面见此佛。因此，阿含类经可以说就是《般舟三昧经》的源头。

后来，释迦佛在耆阇崛山说《无量寿经》，在王舍城说《观无量寿经》，在祇树给孤独园说《阿弥陀经》。佛陀灭后约九百年，天亲造《往生净土论》，马鸣、龙树论师造赞，述上述三经要义。这样“三经一论”就成为西方净土所依据的主要经论。《无量寿经》详述法藏比丘（阿弥陀佛未成佛时之法名）在因地修行时所发的四十八愿，以致果成，圆满成佛，庄严国土，摄受十方念佛众生以及三辈往生之条件。《观无量寿经》指明欲往生西方的众生必修的净业正因，以及十六观法、九品往生的因果。《阿弥陀经》描述西方净土庄严的事相、发愿往生的意义及方便，赞叹阿弥陀佛的功德，特别提倡持名念佛，说善男子善女人只要听闻阿弥陀佛名号，经一至七日，一心不乱，临终时阿弥陀佛就能现在面前，即能往生阿弥陀佛极乐国土。《往生净土论》则以五念门为修行之成就，使众生毕竟得生安乐国土，见阿弥陀佛。这样，持名念佛与往生净土密切联系，修行的方式与所预期的胜果都更明确了。后来，《华严经·入法界品》（晋译本卷四十六）载功德云比丘为善财童子说普光明观察正念诸佛三昧，列举了圆满普照念佛三昧门、得一切众生远离颠倒念佛三昧门、得一切力究竟念佛三昧门等二十一种念佛三昧门，大大丰富了念佛法门的内容。

总之，印度佛教经典的念佛三昧法门，已把忆念现在教化佛扩展到十方世界的一切佛，把持名念一切佛，集中到念阿弥陀佛，把念佛修禅定面见佛，与往生西方佛土结合起来。这是从阿含类经、《般舟三昧经》到净土“三经一论”、《华严经》关于西方净土思想的大体发展轮廓。正是从这种意义上说，《般舟三昧经》就是净土“三经一论”的最早先驱，是西方净土思想之源。净土“三经一论”则是《般舟三昧经》最近一段的流。

《般舟三昧经》传入中土后，其重要注释本，有智𫖮《般舟三昧行法》、元晓《般舟三昧经疏》等。

《般舟三昧经》在后汉灵帝时（一七九年）译出。约二五二年，曹魏康僧铠译出《无量寿经》。姚秦弘始三年（公元四〇一年）鸠摩罗什译《阿弥陀经》。次年，东晋慧远在庐山创弘扬净土宗的白莲社，与众共修念佛三昧，为我国结社念佛之起。二十年后，刘宋畺良耶舍于公元四二四年译出《观无量寿经》。至此，净土三经全部译出，趋于完备。北魏永平元年（五〇八年），菩提流支来华，向昙鸾传授《观无量寿经》。昙鸾为菩提流支译出的世亲《无量寿经优婆提舍愿生偈》作注，并著《往生论注》，兼依龙树《十住毗婆沙论》，明示难易二道、自力与他力之别，主张依靠他力为五浊之世易行之道，阐明了净土立教的主旨。从此，我国的净土法门的弘扬掀开了新的一页，念佛三昧法门的内容不断丰富，净土信仰在士大夫和广大民众中蔚成风气。隋善导大师在长安，广度民众，写了数万卷《阿弥陀经》，画了三百卷极乐净土图。南岳承远大师在衡山设教，受其教化者以万计。唐少康大师，在乌龙山建净土道场，逢斋日，云集三千多人，可见其影响之一斑。

我国佛教学者对念佛三昧法门的发展脉络，可以从以下几个方面把握：

（一）对五念门修行的发挥：隋智顗大师（五三八—五九七年）撰《五方便念佛门》，列出五种念佛法门：(1) 称名往生念佛三昧门，指行者念佛，必生起愿生净土的决心；（2）观想灭罪念佛三昧门，即一心观想佛之相好光明，以此光明照耀，灭一切罪障；（3）诸境唯心念佛三昧门，即所观想之佛，是从心而起，别无其他境界；（4）心境俱离念佛三昧门，指观想之心无有相可得；（5）性起圆通念佛三昧门，指行者趣向深寂禅定，舍弃一切心念，在十方佛的加被力下，智门兴起，任运无碍，成就圆满功德。

（二）从有相、无相论念佛三昧：怀感大师（约七世纪人，善导弟子）撰《释净土群疑论》，卷七举有相、无相念佛三昧，认为欲得无相念佛三昧者，当念化身佛；欲得有相念佛三昧者，当念报身、法身佛。

（三）从心与境的关系阐明念佛三昧：唐代贤首宗澄观大师（七三八—八三九年）撰《华严经疏》，卷五十六举出五种念佛法门：（1）缘境念佛门；（2）摄境唯心念佛门；（3）心境俱泯念佛门；（4）心境无碍念佛门；（5）重重无尽念佛门。

（四）从念佛方式上阐明不同的念佛三昧：宗密大师（七八〇—八四一年）撰《华严经行愿品别行疏钞》，卷四举出称名、观像、观想、实相四种念佛法：（1）称名念，专心称念佛名；（2）观像念，观念塑画等佛像；（3）观想念，观想佛之相好；（4）实相念，观自身及一切法之真实相。

（五）从所念之三世佛阐明念佛三昧：飞锡大师（约

七六五年前后）撰《念佛三昧宝王论》，举出通念三世佛的念佛法：（1）念现在佛，专注一境而圆通三世；（2）念过去佛，知佛、众生为迷悟之别，二者因果相同；（3）念未来佛，生起一切众生平等而皆为未来诸佛之心。

（六）从禅、净兼修论念佛三昧：宋代禅师永明延寿（九〇四—九七五年）在“参禅念佛四料简”中，主张禅、净合一：“有禅有净土，犹如戴角虎，现世为人师，来生做佛祖。”

（七）从念所对的境论念佛三昧：明代天台系传灯大师（万历时人）撰《生无生论》，主张以现前一心无法不具为本，即本此不可思议之一念念佛，有念自佛、念他佛和自他俱念三种念法。明智旭大师（一五九九—一六五五年）撰《灵峰宗论》，卷七也说：“念自佛在观现前一念介尔之心，横遍竖穷，百界千如种种性相自然具足，与三世佛平等无二，如此观察，功深力到，得豁破无明，顿入秘藏。念他佛者，以弥陀果德庄严为我所念之境，或念其相好，或念法门，或念实相，总名为他佛。自他俱念者，所谓心、佛、众生，三无差别，知众生是诸佛心内众生，诸佛是众生心内诸佛，托彼果上依正，显自身之理智，此即我心性本具之功德，不可思议，而诸佛果中之威力亦不可思议。是故感应道交，自他不隔，报果与圆因，称理而映发。”

（八）从普念、专念论念佛三昧：清代华严学者彭际清（一七四〇——一七九六年）著《华严念佛三昧论》，分念佛法门为普念、一心专念两种。如《观佛相海》《佛不思议境界》《无量寿》等经为专念，《华严经》则一多相入，主伴交融，即自即他，亦普亦专，最为圆融。他认为："上根利智了得自性弥陀，全显自心净土，举一法身，摄无不净。""一般行人，不依佛力，功行难满，必待回向极乐，亲承授记，净诸余习，成满愿王，这才是一门超出妙庄严路。"

（九）从念与观的辩证关系论念佛三昧：民国初年，印光大师（一八六二——一九四〇年）撰《念佛三昧》，主张辩证处理念与观的关系。他说："若论证三昧之法，必须当念佛时，即念返观，专念一境，毋使外驰。念念照顾心源，心心契合佛体。返念而念，返观而观；即念即观，即观即念，务使全念即观，全观即念；观外无念，念外无观。观念虽同水乳，尚未搁到根源。须向者一念'南无阿弥陀佛'上重重体究，切切提撕，越究越切，愈提愈亲，及至力极功纯，豁然和念脱落，证入无念无不念境界。所谓'灵光独耀，迥脱根尘，体露真常，不拘文字，心性无染，本自圆成，但离妄念，即如如佛'，此之谓也。功夫至此，念佛得法，感应道交，正好着力。"

解说

念佛三昧在中国发展的特点

从上面可以看出，《般舟三昧经》及净土三经传入中土以来，念佛三昧法门已有很大发展。归纳起来说，大体上有三个特点：

第一，明确主张持名往生净土。《般舟三昧经》虽然提到持名、念阿弥陀佛，通过修一切佛立面前禅定而生天的思想，但没有专门提倡持阿弥陀佛名号，也没有与往生净土密切相结合，直到《阿弥陀经》才强调执持阿弥陀佛名号，求生弥陀佛国土。而在中国创立净土宗以来，所传念佛法门，无不和持名求生西方净土相结合。明智旭《弥陀要解》说："执持名号，念念即佛，不劳观想，不劳参究，当下圆明，无欠无余，最为直捷。"这是对龙树《十住毗婆沙论·易行道》关于念佛法门是修菩萨行速至不退转地的方便易行道思想的继承和发扬，是《般舟三昧经》及净土三经与中国的社会实际相结合，并得到创造性发展的生动体现。

第二，强调念佛三昧是一切三昧之王。《般舟三昧经》所阐明的般舟三昧法门，是在特定时间内（七至九十日夜）修行三昧，得见诸佛。中土弘传的念佛三昧内容日益丰富，如昙鸾（四七六—五五四年）《略论安乐净土义》与道绰（五六二—六四五年）《安乐集》（又名《净土论》）说，念佛要专注不断地念佛的相状、佛的神力、佛的智慧、毫相、相好等，念其本愿、称名。这显然是对般舟三昧法门的丰富和发展。道绰《安乐集》，在所分十二门中，第一门说："净土法门易修易证，应时应机，广劝修学。"还说："《观无量寿经》《观佛三昧经》等以观佛三昧、念佛三昧为宗。念佛三昧是一切三昧之王。"善导《观经疏》在论本经的宗要时也说："以观佛三昧为宗，亦以念佛三昧为宗，以一心回向往生净土为体。"他们的论断，不仅是为了提高本法门在禅定法门中的地位，破除一些人将念佛三昧视为"堕于有相"之偏见，而且揭示了末法时代修持禅定法门的客观规律，以适应大多数信众的社会心理和信仰要求。北凉昙无谶译《大集经》（《大方等大集经》）说："末法时中，亿万众生起行修道，未有一人得道去。当今末法五浊恶世，唯有净土一门，可通入路。”即揭示了末法时代修道难信难行、唯有念佛法门易入的道理。

《印光法师文钞菁华》也说：“念佛法门，自力佛力，二皆俱足，故得。已断惑业者，速证法身；具足惑业者，带业往生。其法极其平常，虽愚夫愚妇，亦能得其利益；而复极其玄妙，纵等觉菩萨，不能出其范围。故无一人不堪修，亦无一人不能修……末法众生，福薄慧浅，障厚业深，不修此法，欲仗自力断惑证真以了生死，则万难万难。”生逢末法时代，各种三昧或易入难行，或难信难入，唯有念佛三昧，自力他力俱足，功高进易，这对于理解为什么说念佛三昧是一切三昧之王的问题是很有启发的。

第三，揭示禅、净诸法门分合的曲折历程和发展趋势。禅、净离合，这是中国佛教史上一个相当显著的现象。佛法东传，初期各种禅法相继传入，习禅者多如牛毛，许多宗派的创始人也无不习禅。如东晋慧远，初亦提倡小乘禅数之学；道绰原学涅槃部，亦修习禅观。这时各宗派或尚未具雏形，或刚刚脱颖而出，禅、净之合，自是情理之中。隋唐之际，诸宗纷纷建立，虽然地论、三论、天台诸师都讲《观无量寿经》，且有所撰述，但大都各弘本宗，以净土为辅。且不少人对观像称名念佛、十念成佛还有异议，如善导当时就曾与金刚法师论说过念佛法门的胜劣。习净土者对他宗亦有所批评，如五台法照认为念佛三昧为无上深妙禅门，批评禅徒不拜佛、不立文字，却以用音声语言为执相，自舍万善诸行于空见之中。可以说，这时修念佛三昧的净土宗与禅宗等处于分立、对峙的地位。五代末延寿禅师撰《宗镜录》，会通天台、贤首、慈恩异同之旨，提出四料简，主张禅净兼修。此后至明清时期，受记于紫柏禅师的法雨（仲光）于禅堂外另开念佛堂，蕅益（智旭）教人但念弥陀佛，即名无上深妙禅，都是坚持禅净双修的路数。这个合而分、分而合的曲折过程，一方面反映了中国佛教处于全盛时期各宗派修持本宗法门的不断深入、日益完善（故能独树一帜，自成一宗），又说明各宗的相互影响、补充、吸收与融通。这种既相互批评、论难，又相互吸收、融通的现象，不但禅、净两宗有，在整个佛教界，在儒、释、道三家的发展史上，都是如此。因为相互比较、批评而存在，相互吸收、融通而发展，这正是各种不同的思想意识形态（包括宗教教义）存在和发展的普遍规律，念佛法门与其他法门又何尝不是如此呢？

当然，禅净的发展，由合而分，由分而合，最终仍以净土为归宿。近人黄念祖居士《大乘无量寿经白话解》前言说："释尊种种说法，无非是救度迷徒，让他们得到真实之利。真实普利众生，唯有阿弥陀佛四十八愿，普度众生同生极乐。”所以，千条江河，终归大海；万千法门，同归净土，这是必然的。

总之，自《般舟三昧经》及后来的净土三经一论，传入中土以来，念佛三昧法门及净土宗的创立、发展、兴盛，无不打上中国本土的烙印。持名念佛，往生净土；以念佛三昧为一切三昧之王；禅净离合，归于净土，这三个特点，烙印尤深。认识这些特点，不仅有利于认清《般舟三昧经》作为净土三经最早先驱的地位和价值，而且对于弘扬念佛三昧，乃至发扬整个佛教的优良传统，净化人心，庄严国土都有深远的意义。

诵习本经的重要意义

《般舟三昧经》属于方等大集部。是现存大乘经典中最早期之作品，亦是有关弥陀经典中之最早文献，为净土经典之先驱。本经为后汉光和年间所译，随即传于东土。而寻常学佛之人，诵习这部经典的并不太多，至今疏释此经不多，重要的有智顗《般舟三昧行法》、元晓《般舟三昧经疏》。然而，本经在佛教中实有其重要地位。

佛教，就是以佛为依止的教派。佛教徒也是以成佛作为自己修持的最终归宿的。《般舟三昧经》所说法门，就是说修此三昧的人，能见十方诸佛立在面前。这是其他经典所没有涉及的。学佛必须修禅定，而达到禅定，是相当高的境界。本经所讲的法门，就是“十方诸佛都现在面前”一种最上乘的禅定。这也是其他经典所不多见的。

中国佛教，向来以净土宗（又称莲宗）为无上深妙之宗门。口诵“阿弥陀佛”四字一心的修法，三辈、九品的阶位，常常深入于信徒之心。东晋庐山慧远法师在庐山结白莲社，即是依据此经而现证念佛三昧。慧远曾结合刘遗民的切实体验，阐述此三昧说：“居住于庐山的法门及处士，都日复一日地勤勉修行，其中尤以刘遗民专注于佛道的修行，坚守戒律，连宗炳、张野都远不及他的精进与努力。他一心坐禅，约半年之后，即能在定中见到佛陀现前，复于行旅中逢到佛陀，并有佛身自空中示现。其时光明普照大地，远近皆熠熠生辉，令人不敢逼视。”他把此三昧与安世高系禅作比较，认为“功高易修，念佛为先”。后来的硕德名师，如菩提流支、昙鸾、道绰、善导、怀感、少康等等，多致力净土经典的著述、注疏。要想通过莲宗的修习而获得利益的人，无不尊崇此经。

中国佛教天台宗提倡三观一念的行门（一心而作空、假、中三观）、百界千如的境界（将相、性、体、力、作、因、缘、果、报、本末究竟十种事理加以三转读，以彰显空、假、中三谛圆融之理及其境界），颇深入人心。而天台宗智觊大师以来，即依持此《般舟三昧经》，实修常行三昧。随后其他硕德名师，也是循此修行。所以，要想修持天台宗而获利益的人，也不能不尊重崇尚此经。

由上可知，中国佛教，无论禅、净、台各宗，法门尽管各异，尊崇《般舟三昧经》的见十方诸佛立在面前的法门都是相通的。可见诵习本经在中国佛教各个宗门中有十分重要的意义。

着重理解的几个问题

依照《般舟三昧经》的经名，本经的唯一要义，就在于“十方诸佛悉在前立”之定。全经即是阐释此佛立三昧的修持内容、根本要求、实质及其功德。修持此定，有几条尤需强调：

（1）修持此定，贵在现证。所见十方诸佛，并未涉及三世，仅以现在佛为限。此三昧之名，亦名十方诸佛悉在前立，或称现在佛悉在前立；文中亦常标明所见佛为现在佛。因此，读者当勿以过去、未来佛混入。

（2）一切诸佛，平等相应。此三昧视一切佛平等相应，并无畛畦之分。其名十方诸佛悉在前立，“十方”二字应特别注意。经中虽独举西方弥陀，其他各方则略去。后来庐山慧远法师、天台智颉法师相继沿用，也各以极乐世界为归宿，并不限于西方。这是因为极乐即是十方的缘故。密教即有“弥陀即大日”的妙义。如果认为般舟三昧为专见弥陀之方便法门，那就可能失其本旨。

（3）佛立三昧，四众同修。有的人以为此法门具足一切功德智慧，并能现前见佛闻法，实为最上胜妙之法门，除非比丘，别人不可能修习。这是一种误解。当年佛说本经，特由贤护菩萨这一在家菩萨唱主角，其用意即在预先消除人们的上述偏见。

（4）所证境界，即空三昧。佛立三昧虽所证境界之中，亲见十方诸佛悉现眼前，栩栩如生，俨然有相，但若泥于有相，必不见佛。正如《金刚经》所说：“若以色见我，以音声求我，是人行邪道，不能见如来。”又说：“凡所有相，皆是虚妄。若见诸相非相，即见如来。”因此，修此三昧，正不应以其能见十方诸佛悉在前立，而遂认为有相而执着。本经《行品》第二中，佛说此三昧即是空三昧，其余品中也屡说不当有执着，这是最值得玩味的。其中贯穿着“说是……非是……是名……”的辩证思惟的大智慧，值得吾人认真体会。

（5）三力入定，极堪着眼。佛说此种三昧之成，由于三力，即彼佛加持力，此三昧之功力，和本身功德力。这三力的合成，才能修此三昧。宜从这三方面着眼。

（6）定中六见，极其精要。《行品》第二之末，佛说菩萨在三昧中立者，所见可分为六则，此六则均极精要，千万不可忽视。

入三昧中六种境界

第一	心作佛	观经旨
第二	心是佛	
第三	心即是佛 亦即是身	含有即身成佛之义和心、佛、众生三无差别之意
第四	心虽见佛而 心不自知心 心中自见心	显密而教微旨
第五	心有想是生死 心无想是涅槃	为生死即涅槃之一种证释 迷悟之机，苦乐之论于此以显
第六	一切法均由想起 所想既空，能想亦空	此为佛教之宇宙观、人生观之根本义，学人当致力之处

参考书目

1 频伽精舍校刊本《大藏经》

2《新修大正大藏经》佛陀教育基金会印本

3《般舟三昧经讲要》《威音》杂志

4《大乘法宝莲宗宝鉴》元·优昙普度大师 香港佛经流通处印本一九八七年

5《佛法概要》明旸法师 上海圆明讲堂一九九〇年印本

6《大乘无量寿经白话解》黄念祖 中国佛教文化丛书本 黄氏在京弟子一九九三年印

7《佛学大辞典》丁福保

8《佛光大辞典》慈怡主编 书目文献出版社一九九三年印本

9《佛教大辞典》吴汝钧 商务印书馆国际有限公司一

九九四年七月北京版

10《中国佛教》第四辑 中国佛教协会编 知识出版社一九八九年版

出版后记

星云大师说："我童年出家的栖霞寺里面，有一座庄严的藏经楼，楼上收藏佛经，楼下是法堂，平常如同圣地一般，戒备森严，不准亲近一步。后来好不容易有机缘进到藏经楼，见到那些经书，大都是木刻本，既没有分段也没有标点，有如天书，当然我是看不懂的。"大师忧心《大藏经》卷帙浩繁，又藏于深山宝刹，平常百姓只能望藏兴叹；藏海无边，文辞古朴，亦让人望文却步。在大师倡导主持下，集合两岸近百位学者，经五年之努力，终于编修了这部多层次、多角度、全面反映佛教文化的白话精华大藏经——《中国佛教经典宝藏》，将佛教深睿的奥义妙法通俗地再现今世，为现代人提供学佛求法的方便途径。

完整地引进《中国佛教经典宝藏》是我们的夙愿，

三年来，我们组织了简体字版的编审委员会，编订了详细精当的《编辑手册》，吸收了近二十年来佛学研究的新成果，对整套丛书重新编审编校。需要说明的是此次出版将丛书名更改为《中国佛学经典宝藏》。

佛曰：一旦起心动念，也就有了因果。三年的不懈努力，终于功德圆满。一百三十二册，精校精勘，美轮美奂。翰墨书香，融入经藏智慧；典雅庄严，裹沁着玄妙法门。我们相信，大师与经藏的智慧一定能普应于世，济助众生。

东方出版社